Zufällig Vegan

Herausgegeben von **smarticular.net**
Das Ideenportal für ein einfaches und nachhaltiges Leben

MARTA DYMEK · JADŁONOMIA

ZUFÄLLIG VEGAN

100 REZEPTE FÜR DIE REGIONALE GEMÜSEKÜCHE NICHT NUR FÜR VEGANER

Herausgeber: smarticular Verlag

ISBN Softcover: 978-3-946658-36-8

ISBN Hardcover: 978-3-946658-37-5

ISBN E-Book mobi: 978-3-946658-38-2

ISBN E-Book epub: 978-3-946658-39-9

smarticular Verlag ist ein Imprint der Business Hub Berlin UG (haftungsbeschränkt)

2109

Originally published in 2014 under the title „*Jadłonomia*" by Wydawnictwo Dwie Siostry, Warsaw.

Übersetzung: Magdalena Surma

RECYCLED
Papier aus Recyclingmaterial
FSC® C009315
FSC www.fsc.org

Unserer Umwelt zuliebe wurde dieses Buch auf umweltfreundlichem Recyclingpapier gedruckt, ausgezeichnet mit dem FSC®-Zertifikat für Papier aus Recyclingmaterial, dem Blauen Engel (RAL-UZ 14/19487) und dem EU-Ecolabel.

Gedruckt in Deutschland von DRUCKZONE GmbH & Co. KG, Cottbus

Haftungsausschluss

Alle Rezepte und Tipps in diesem Buch wurden nach bestem Wissen erstellt. Für die Richtigkeit und Vollständigkeit der Rezepte, Anleitungen und Tipps kann jedoch keine Haftung übernommen werden. Des Weiteren wird keine Haftung übernommen für fehlerhafte Zubereitung und Anwendung, auch nicht für Gesundheitsschäden durch unsachgemäße Handhabung. Die Anwendungen und Rezepte in diesem Buch bieten keinen Ersatz für eine therapeutische oder medizinische Behandlung, im Zweifelsfall sollte ein Arzt zu Rate gezogen werden.

INHALT

EINLEITUNG

KNOLLEN UND WURZELN

KOHL

ZWIEBELN, KNOBLAUCH UND LAUCH

BLÄTTER UND KRÄUTER

KÜRBIS

TOMATEN, PARIKASCHOTEN UND AUBERGINE

GRÜNES GEMÜSE

PILZE

HÜLSENFRÜCHTE

TOFU UND TEMPEH

TROCKENOBST, SAMEN UND GETREIDE

GRUNDREZEPTE

WEITERFÜHRENDE RESSOURCEN

Einleitung

VORWORT

Was haben Spaghetti Napoli, Vollkornbrot, Bayerischer Kartoffelsalat und Hummus gemeinsam? Sie alle schmecken einfach köstlich, und sie alle sind rein zufällig vegan! Pflanzliche Lebensmittel gehören so selbstverständlich zu unserer heimischen Küche dazu, dass es beinahe verwunderlich ist, wieso dafür ein neues Wort – *vegan* – erfunden werden musste. Jeder von uns hat sich wohl schon mal bewusst oder unbewusst ein rein pflanzliches Gericht schmecken lassen.

Wie kommt es dann, dass um diese Ernährungsform mancherorts ein regelrechter Glaubenskrieg entbrannt zu sein scheint? Ohne Frage: Mehr pflanzliche Lebensmittel in den Speiseplan zu integrieren, bringt enorme Vorteile mit sich. Denn sie sind zumeist regional verfügbar, sind gesund und verbrauchen weniger Landwirtschaftsfläche, Wasser und andere Ressourcen als tierische Lebensmittel. Aber auch, wer ein Zeichen gegen industrielle Massentierhaltung setzen möchte, entscheidet sich öfter für die regionale Gemüseküche.

Dennoch glauben wir, dass niemand perfekt ist – und es auch nicht sein muss. Kleine Schritte sind besser als keine Schritte, und wer nur ab und zu Fleisch oder Käse weglässt, weil ein Gericht auch ohne ganz köstlich schmeckt, tut sich und unserem Planeten schon einen großen Gefallen. Deshalb möchten wir auch niemanden vom Veganismus überzeugen, schon gar nicht „missionieren". Stattdessen wollen wir ermutigen, das eine oder andere pflanzliche Gericht einfach mal zu probieren – weil es schmeckt!

Dass die pflanzliche Küche mit überwiegend regionalen Lebensmitteln einerseits und eine vollwertige Ernährung mit außergewöhnlichen, abwechslungsreichen Aromen andererseits kein Widerspruch sind, zeigt die polnische Köchin, Autorin und Foodbloggerin *Marta Dymek*. Ihr erstes Buch *Jadłonomia* veranschaulicht dieses Prinzip auf so raffinierte Weise mit einfachen, fast ausschließlich regionalen Zutaten, dass es uns sofort überzeugt hat. Sie zeigt darin, dass selbst in einem Land mit einer traditionell sehr fleischlastigen Küche viele köstliche Gerichte ohne Tierprodukte möglich sind. Die darin enthaltenen 100 Rezepte sind einfach *smarticular*, weshalb wir Anfang 2019 beschlossen haben, das Buch mit Martas Hilfe ins Deutsche zu übersetzen.

Im Gegensatz zu manch anderem Kochbuch sind für die pflanzenbasierten Rezepte in diesem Buch weder exotische Superfoods noch teure Spezialzutaten oder Ersatzprodukte notwendig. Stattdessen sind die meisten verwendeten Zutaten in der hiesigen Küche sowieso zu finden. Oder es handelt sich um wahre Schätze, mit denen schon unsere (Groß-)Eltern gekocht haben, die aber in Zeiten von Fix-Produkten und Fertiggerichten immer mehr in Vergessenheit geraten sind. Wer Hülsenfrüchte, Grützen, Hirse, allerlei Kräuter und Gewürze für sich entdeckt, wird feststellen, dass sich damit fast genauso einfach kochen lässt wie mit Fertigprodukten, zudem auch noch viel gesünder und schmackhafter.

Regionale Gemüseküche mit Herz und Verstand – wir nennen das *zufällig vegan*!

Die Rezepte in diesem Buch entsprechen genau unserer Vorstellung von einer gesunden, abwechslungsreichen, pflanzlichen Ernährung mit dem gewissen Etwas – pragmatisch, ohne Hype, ohne Verzicht auf Geschmack und ohne sich verbiegen zu müssen. Probiere es doch einfach mal aus – bestimmt wirst du genauso begeistert sein wie wir.

Immer auf dem neuesten Stand

Jeden Tag lernen wir dazu, und genau das ist es, was uns motiviert, das Ideenportal smarticular.net und unsere Bücher immer weiter zu verbessern. Es liegt aber in der Natur eines gedruckten Buches, dass nicht alle Informationen immer auf dem neuesten Stand sind. Deshalb empfehlen wir, dieses Buch mit den Vorteilen der Website zu kombinieren. Dies sind nur einige Möglichkeiten dafür:

- Auf der Webseite 🌐 *smarticular.net/zufaelligvegan* findest du aktuelle Informationen zu diesem Buch, kannst Anmerkungen, Lob oder Kritik hinterlassen, Fragen an uns stellen und Verbesserungen zum Buch nachlesen.
- Auf Seite 286 gibt es weiterführende Informationen und Bezugsquellen, die das Buch noch nützlicher machen.
- Selbstverständlich freuen wir uns, wenn dich andere Themen auf smarticular.net interessieren. Damit du immer auf dem Laufenden bleibst, empfehlen wir dir, unseren Newsletter zu abonnieren und uns in den sozialen Netzwerken zu folgen.

Wir wünschen dir viel Freude beim Ausprobieren und Genießen!
Das Team von smarticular.net

EINHEITEN

TL	Teelöffel, entspricht circa 5 Millilitern
EL	Esslöffel, entspricht circa 15 Millilitern
ml	Milliliter
L	Liter
g	Gramm
kg	Kilogramm
Msp.	Messerspitze
cm	Zentimeter

„Du isst wirklich kein Fleisch? Aber was isst du denn dann?“, *hörte ich zum ersten Mal auf der Namenstagsfeier meiner Tante, nachdem ich mich als Teenager entschlossen hatte, Vegetarierin zu werden. Ähnliche Fragen hörte ich später auch oft von meiner Familie und Bekannten. Am Ende beschloss ich, einen Blog einzurichten – um zu zeigen, was ich esse.*

Im Laufe der Zeit wurde es mir immer wichtiger, selbst zu kochen. Um mich zu neuen, fleischlosen Gerichten inspirieren zu lassen, begann ich, um die Welt zu reisen. Zur gleichen Zeit wurde mein Blog immer beliebter – jeden Monat besuchten ihn mehrere Hunderttausend Menschen, und ich erhielt am Tag Dutzende E-Mails zu den dort veröffentlichten Rezepten. Also beschloss ich, meine bisherige Arbeit in einer Werbeagentur zu kündigen, um meine Zeit komplett der pflanzlichen Küche zu widmen. Am Anfang war es nicht einfach: Meine Eltern rauften sich die Haare, Freunde zeigten mir den Vogel, und mein Freund musste mir Geld für die Miete leihen. Ich nahm unterschiedliche Tätigkeiten im Gastronomiebereich an: So kochte ich vegane Gerichte in einem besetzten Haus in der Nähe von Amsterdam, leitete eine Film-Catering-Firma und versorgte Filmstars auf dem Set, auf Bestellung bereitete ich fleischlose Pasteten und Bigos zu. Und obwohl ich manchmal aufgeben und an einen Arbeitsplatz am Schreibtisch zurückkehren wollte, glaubte ich unverändert daran, dass das, was ich tat, sinnvoll sei, denn immer mehr Menschen begannen, die pflanzliche Küche wertzuschätzen.

Heutzutage koche ich täglich, suche nach kulinarischen Inspirationen, erstelle weitere vegane Rezepte, verfasse Artikel für meinen Blog, organisiere Workshops und schreibe über Ernährung. Es ist meine Arbeit – und eine echte Freude! Ich hoffe, dass dank dieses Buches auch einige eingeschworene Fleischesser entdecken werden, wie einfach und lecker die pflanzliche Küche sein kann, und dass Vegetarier und Veganer immer seltener werden erklären müssen, was sie eigentlich essen.

Danksagungen

Dieses Buch wäre nicht ohne die Hilfe vieler Menschen entstanden. Dafür möchte ich mich bei ihnen bedanken. Meinem Freund, Szymon Boniecki, danke ich für die größtmögliche Unterstützung von Anfang bis Ende der Arbeit an diesem Buch. Meinen Eltern danke ich für ihre Geduld und dafür, dass sie die Tatsache akzeptieren, dass die vegane Küche mein Traumberuf ist. Magda Popławska danke ich, die ich zu Beginn meiner kulinarischen Reise getroffen habe und dank deren Großherzigkeit vieles möglich wurde. Letztendlich möchte ich mich ganz besonders bei Ewa Fligiel bedanken – sie weiß schon, wofür. Ich bin auch den Lesern meines Blogs dankbar. Ihr wisst wahrscheinlich nicht, dass es eure Kommentare und E-Mails waren, die mich dazu motivierten weiterzumachen, als ich anfing, meine Kräfte zu verlieren.

WARUM PFLANZLICHE KÜCHE?

Die Gemüseküche ist eine Küche voller Blätter, Knollen, Wurzeln, Schoten, Nüsse, Kerne, Samen und Grützen. Es ist auch eine Küche ohne Fleisch, Fisch, Milcherzeugnisse und jegliche Produkte tierischen Ursprungs. Mit einem Wort: vegan. Vegan wird man aus ethischen, ökologischen, wirtschaftlichen oder gesundheitlichen Gründen. Aber um eine Gemüsespeise zuzubereiten, muss niemand bekennender Veganer sein, weil dieses Essen so einfach und lecker ist, dass es sich für jeden eignet. Daher spreche ich lieber über die pflanzliche und nicht die fleischlose Küche. Diese Art zu kochen ist für Veganer und Vegetarier geeignet, genauso aber auch für diejenigen, die einfach etwas Neues ausprobieren möchten. Vielleicht schmeckt es ihnen so gut, dass sie ernsthaft darüber nachdenken werden, sich in Zukunft rein vegetarisch oder vegan zu ernähren?

SPEISEKAMMER EINES PFLANZENESSERS

In der Gemüseküche werden die gleichen Zutaten wie in der traditionellen Küche verwendet. Sie braucht nur ein paar ergänzende Zutaten. Wenn du diese jedoch einmal gekauft und in deiner Speisekammer verstaut hast, genügt es, einen Gemüseladen in der Nachbarschaft zu besuchen, um ein erlesenes Abendessen zu zaubern. Einige dieser Zutaten kennst du sicherlich, unten findest du aber auch ein paar Worte zu den weniger bekannten Produkten und Gewürzen, die in diesem Buch verwendet werden.

Öle

In der veganen Küche wird nur pflanzliches Fett verwendet. Damit ist jedoch nicht das langweilig schmeckende Öl aus der Plastikflasche gemeint. Es ist eine gute Idee, einen Vorrat an kalt gepressten und heiß gepressten Ölen zu Hause zu haben, da diese beiden Ölsorten unterschiedlichen Zwecken dienen. Es lohnt sich auch, sich in einem Geschäft nach kalt gepressten Ölen mit verschiedenen Geschmacksrichtungen umzusehen. Denk dabei daran, dass es am besten ist, diese in einem dunklen Küchenschrank oder einem Kühlschrank aufzubewahren.

Heiß gepresste Öle

Da sie bei hohen Temperaturen gepresst und gereinigt (raffiniert) wurden, sind diese Öle für die heiße Küche perfekt geeignet. Bei den meisten von ihnen liegt der Rauchpunkt bei 180–220°C, weshalb sie sich zum Braten und Schmoren empfehlen. Sie haben jedoch ein schwaches Aroma und passen daher nicht zu Salaten. Am vielseitigsten einsetzbar sind Öle mit einem feinen Geschmack und einem möglichst hohen Rauchpunkt, beispielsweise Rapsöl, Reiskeimöl oder Traubenkernöl.

Kalt gepresste Öle

Diese Öle sollen nur kalt verwendet werden, da sie bei hohen Temperaturen zu rauchen beginnen, ihren Geschmack verlieren und gesundheitsschädlich werden. Kalt verwendet, haben sie eine erstaunliche Farbe, duften und verleihen den Gerichten einen einzigartigen Charakter: Mit einigen Tropfen gut gewähltem Öl wird die gebackene Rote Bete zu einer exquisiten Vorspeise, und ein Esslöffel Avocadoöl verleiht dem Tomatensalat ein Guacamole-Aroma. Einmal probiert, wirst du nach kalt gepressten Ölen schnell süchtig werden und wirst sie Rohkost, Salaten und Brotaufstrichen hinzufügen. Für den Anfang empfiehlt sich ein Kürbiskernöl – es schmeckt hervorragend zu allen gerösteten Gemüsen und als Ergänzung zu Suppen.

Hülsenfrüchte

Für Vegetarier und Veganer bilden Hülsenfrüchte die Hauptproteinquelle. Du musst dich nicht nur mit Soja zufriedengeben, die nicht den besten Ruf genießt, denn darüber hinaus stehen dir Erbsen, Bohnen, Kichererbsen und Linsen zur Auswahl. All diese Gemüsesorten kannst du in Packungen in Supermärkten oder unverpackt nach Gewicht auf Märkten, in Unverpackt-Läden und in kleinen Gemüseläden kaufen. Es ist außerdem empfehlenswert, zusätzlich Bohnen und Kichererbsen in der Dose vorrätig zu haben, denn obwohl diese nicht so gut schmecken wie die frisch zubereiteten, erweisen sie sich in Krisensituationen als nützlich: In wenigen Minuten gelingt es dir, aus ihnen einen Brotaufstrich oder ein Curry zuzubereiten.

Trockene Hülsenfrüchte

Um genießbar zu sein, müssen sie gekocht oder zusätzlich vorher noch eingeweicht und erst dann gekocht werden. Größere Hülsenfrüchte, etwa Kichererbsen oder Bohnen, sollten stets eingeweicht werden – dadurch verkürzt sich ihre Garzeit erheblich. Kleinere, wie Linsen oder halbe Erbsen, können sofort gekocht werden. Hülsenfrüchte werden 20–60 Minuten lang gekocht, am besten in einer großen Menge Wasser (in frischem Wasser, nicht im Einweichwasser) und in einem großen Topf, weil sie schnell schäumen und überkochen. Koche sie am besten ohne Salz – das geht schneller (am Ende kann dem Wasser eine Prise Salz hinzugefügt werden).

Konservierte Hülsenfrüchte

Dies sind gekochte Hülsenfrüchte in Dosen oder Gläsern. Am weitesten verbreitet sind rote und weiße Bohnen sowie Kichererbsen. Es reicht, sie abzuseihen und abzuspülen. Du kannst sie einem Salat hinzufügen oder schnell einen Brotaufstrich damit zubereiten, indem du sie mit Olivenöl und Gewürzen mixt.

Nüsse und Samen

Neben Hülsenfrüchten gehören Nüsse und Samen zu den besten Eiweißquellen in der pflanzlichen Küche, und sie sind außerdem eine reichhaltige Quelle für gesunde Fette. Dazu lassen sie sich auf unterschiedliche Weise zubereiten. Sie werden für Pesto (S. 111), Cremes (S. 251), Quark (S. 253) oder Milch (S. 263) verwendet, aber auch in Salaten schmecken sie gut. Es lohnt sich, gleich verschiedene Sorten zu kaufen, zum Beispiel Mandeln, Cashewkerne, Walnüsse, Haselnüsse, Kürbiskerne und Sonnenblumenkerne.

Grützen und Reis

Grützen sind eine ausgezeichnete Ergänzung zu Suppen, Eintöpfen und Salaten; außerdem sind sie preisgünstig und leicht erhältlich. Es lohnt sich, verschiedene Sorten auszuprobieren: Buchweizengrütze, Hirsegrütze, Gerstengrütze, Graupen, Bulgur oder Quinoa – deine Mahlzeiten werden dadurch abwechslungsreicher. Gewöhnlichen, weißen Reis kannst du durch gesünderen Vollkornreis ersetzen. Kaufe am besten keine Grütze in Kochbeuteln, da diese den Geschmack verderben. Vor dem Garen spüle sie immer mit kaltem Wasser, dann übergieße eine Portion Getreide mit zwei Portionen Wasser, gib eine Prise Salz hinzu und koche die Grütze bei schwacher Hitze, bis die gesamte Flüssigkeit aufgenommen wurde. Soll die Grütze locker werden, empfiehlt es sich, sie zwei bis vier Minuten nach dem Aufkochen weiterkochen zu lassen, dann den abgedeckten Topf von der Kochstelle zu nehmen und ihn für 10–20 Minuten beiseitezustellen. Während dieser Zeit nimmt die Grütze den Rest des Wassers auf.

Gewürze und andere Zutaten

Eine gut sortierte Speisekammer enthält viele Gewürze und andere Zutaten. Je mehr von ihnen du sammelst, desto spannender sind die Gerichte, die du zubereiten kannst. Es lohnt sich wirklich, in Gewürze zu investieren!

Hefeflocken

Hefeflocken sind ein inaktives Hefepulver. Sie bilden die Quelle der fünften Geschmacksrichtung Umami, die typisch für Fleisch und Käse ist. In der veganen Küche dürfen sie daher nicht fehlen. Man fügt sie Pesto (S. 111), Quark (S. 253) oder Parmesan aus Mandeln (S. 279) hinzu, genauso lassen sie sich auch zum Würzen von Suppen, Aufläufen und Brotaufstrichen verwenden. Sie sind unter anderem in Bioläden erhältlich.

Sojasauce

Ähnlich wie Hefeflocken hat Sojasauce einen Umami-Geschmack und ist immer dann nützlich, wenn du dem Gericht eine ausgeprägte Salzigkeit verleihen möchtest. Füge pflanzlichem Bigos (einem polnischen Sauerkrauteintopf), Burgern oder Erbsensuppe etwas Sojasauce hinzu, und es wird schmecken wie bei Muttern. Verwende am besten natürlich fermentierte Sojasauce – du erkennst sie an wenigen Zutaten und einem milden Aroma.

Schwarzsalz (Kala Namak)

Ein wahrhaft magisches Gewürz aus Indien, das Gerichte nach gekochten Eiern schmecken lässt. Nur eine Prise davon reicht, um eine eierlose „Eierpaste" zuzubereiten (S. 235). Es kann Chutneys und Currysaucen hinzugefügt werden; es gelingt damit auch, vegane Mayonnaise (S. 279) zu verfeinern. Lass dich nicht vom Namen täuschen: Schwarzsalz ist rosa.

Geräuchertes Paprikapulver

Dieses in Spanien und Mexiko beliebte Gewürz hat eine besondere Bedeutung in der pflanzlichen Küche, da es den Gerichten einen angenehmen Rauchgeschmack und ebensolches Aroma verleiht. Mein Vater nennt es „Speckpulver". Besonders gut passt es zu Chili sin carne (S. 149) und zu Erbsensuppe (S. 227).

Leinsamen

Die unauffälligen Leinsamen sind die Verbündeten aller veganen Backwaren, die Eier benötigen – in Verbindung mit warmem Wasser kleben sie den Kuchen genauso gut wie Eier. Ein Esslöffel Leinsamen, vermischt mit drei Esslöffeln warmem Wasser, entspricht einem Ei. Dann reicht es, nur noch einen Moment zu warten, bis die Leinsamen gequollen sind – und das „Ei" ist fertig. Zum Mahlen von Leinsamen empfiehlt es sich, eine elektrische Kaffeemühle zu verwenden – sie kostet wenig und eignet sich auch, um Gewürze oder Nüsse zu mahlen.

Kichererbsenmehl

Ähnlich wie Leinsamen klebt auch Kichererbsenmehl den Teig gut zusammen. Es eignet sich für Backwaren, Pfannkuchen und pflanzliche Frikadellen. Man kann daraus auch einen klebrigen Teig zubereiten, der zum Panieren von Gemüse verwendet wird (S. 219).

Erdnusscreme

Bekannt vor allem aus amerikanischen Filmen, eignet sich Erdnusscreme nicht nur als Brotaufstrich, sondern bereichert auch den Geschmack von Haferflocken, Currys und Saucen. Neben der beliebten Erdnusscreme kannst du Cashew-, Haselnuss- oder Mandelcreme verwenden oder sie selbst zubereiten (S. 251).

Kokosmilch

Diese beliebte Zutat asiatischer Gerichte eignet sich hervorragend als Sahne für Suppen und Desserts. Achte bei der Auswahl der Kokosmilch auf die Liste der Inhaltsstoffe, denn am besten sollten nur Kokosnuss und Wasser enthalten sein. Hochwertige Kokosmilch findest du in Bioläden.

KÜCHENAUSRÜSTUNG

Du benötigst keine spezielle Ausrüstung für die vegetarische und vegane Küche. Ein scharfes Messer, eine gute Bratpfanne und einfache Töpfe genügen. Die einzigen Utensilien, in die es sich zu investieren lohnt, sind geeignete Mixer, denn ohne sie sind einige Rezepte nicht umsetzbar.

Stabmixer

Der beliebteste Mixer setzt sich zusammen aus einem Antrieb und einem langen Aufsatz, der mit einer kleinen Klinge endet. Er ist handlich und universell einsetzbar. Damit gelingt es dir, Suppe im Topf zu pürieren, Kichererbsen in Hummus zu verwandeln und jede andere Paste zuzubereiten. Verwende ihn jedoch nicht, um trockene Nüsse und Kerne zu zerkleinern, da diese ihn leicht beschädigen können.

Zerkleinerer

Dies ist ein kleiner, geschlossener Kunststoffbehälter, der an den Antrieb des Stabmixers angeschlossen wird. In der Mitte dreht sich eine kleine s-förmige Klinge. Dieser Mixer ist sehr nützlich in der veganen Küche, besonders um Pesto (S. 111) und Nusscreme (S. 251) zuzubereiten. Wenn du einen Stabmixer kaufen möchtest, stelle sicher, dass sich auch ein Zerkleinerer im Set befindet.

Standmixer

Dieser Mixer ist dazu gedacht, flüssige und halbflüssige Gerichte zu mischen, z. B. dünne Saucen, Shakes und Cocktails. Verwende den Standmixer nicht für dickflüssige Gerichte wie Pesto oder Hummus. Denn das Mixen würde nicht nur sehr lange dauern, sondern der Standmixer kann auch überhitzen, und außerdem brauchst du dann viel mehr Zeit, um die fertige Mixtur aus dem Gerät herauszuholen, als das Mixen insgesamt gedauert hat. Eine Ausnahme stellen die Hochgeschwindigkeitsmixer, wie der amerikanische Vitamix, dar.

Knollen und Wurzeln

PETERSILIENWURZEL
KURKUMAWURZEL
SELLERIEKNOLLE
ROTE BETE
KAROTTE
TOPINAMBUR
PASTINAKE

GEBACKENE KAROTTEN

MIT KREUZKÜMMEL UND GRANATAPFELSIRUP

Als ich Granatapfelsirup zum ersten Mal probierte, hatte ich das gleiche Gefühl wie damals, als ich Schokolade zum ersten Mal gekostet hatte. Er schmeckt süßsauer, herb und ist klebrig. Gebackenem Gemüse beigefügt, ist er ein wahrer kulinarischer Genuss.

ZUTATEN

1 kg Karotten
2 EL Öl
½ TL Chilipulver
¼ TL gemahlener Zimt
1 Prise Salz

1 TL Kreuzkümmelsamen
einige EL Granatapfelsirup
Salz

Zum Servieren
1 Handvoll Granatapfelkerne
gehackte frische Petersilie

ZUBEREITUNG

- Den Backofen auf 200 °C vorheizen. In einer Tasse das Öl mit Chilipulver, gemahlenem Zimt und Salz verrühren. Karotten putzen, abtrocknen, mit Gewürzöl einreiben und auf einem mit Backpapier ausgelegten Backblech verteilen. 20–25 Minuten backen, bis die Karotten goldbraun und sehr weich sind.
- In der Zwischenzeit eine Bratpfanne erhitzen und die Kreuzkümmelsamen 15–30 Sekunden lang darauf rösten, anschließend auf einen Teller legen und diesen beiseitestellen.
- Gebackene Karotten auf einem Teller anrichten, salzen, mit Granatapfelsirup beträufeln und anschließend die gerösteten Kreuzkümmelsamen, Granatapfelkerne und Petersilie darüberstreuen.

> Granatapfelsirup lässt sich in diesem Rezept nicht ersetzen, du kannst ihn aber selbst zubereiten. Bringe in einer großen Stielkasserolle 250 Milliliter Granatapfelsaft (der in Geschäften viel leichter zu finden ist als Granatapfelsirup) mit drei Esslöffeln Rohrzucker zum Kochen und lasse ihn 15–20 Minuten lang sieden, bis er entsprechend dick wird.

SALAT AUS GEBACKENEN KAROTTEN
MIT ORANGENBLÜTENWASSER

Orangenblütenwasser ist eines meiner Lieblingsaromen. Es ist viel zarter als Orangensaft, und ich assoziiere es mit einem Urlaub in Marokko oder auch ein bisschen mit einem Parfümeriebesuch. In der Regel wird es für süßes Gebäck und andere Desserts verwendet. Aber es lohnt sich, sich selbst davon zu überzeugen, dass es auch in herzhaften Gerichten gut schmeckt.

ZUTATEN

800 g Karotten
3 EL Öl
½ TL Chilipulver
½ TL gemahlener Kreuzkümmel
1 Prise Salz

75 g Mandeln
1 Handvoll frische Minzblätter
1 Handvoll frische Petersilie

Sauce
2 EL natives Olivenöl extra
2 EL Orangenblütenwasser
1 EL Zitronensaft
1 TL Agavendicksaft
1 Prise Salz
1 Prise schwarzer Pfeffer

Zum Servieren
1 Handvoll schwarze Oliven

ZUBEREITUNG

- Den Backofen auf 200 °C vorheizen. Die Karotten schälen, in dicke Scheiben schneiden und in eine Auflaufform geben, das Öl darübergießen, mit Chilipulver, Kreuzkümmel und Salz bestreuen und so einreiben, dass die Karotten gut mit dem Öl und den Gewürzen benetzt sind. 15–20 Minuten lang backen.
- In der Zwischenzeit eine Bratpfanne erhitzen und die Mandeln darin für ein bis zwei Minuten rösten, sie dann auf einem Teller abkühlen lassen und halbieren. Minze und Petersilie klein hacken.
- Alle Zutaten der Sauce in einer Tasse verrühren. Die heißen Karotten auf einen Teller geben, mit Sauce übergießen und mit Mandeln, Oliven und Kräutern bestreuen. Heiß oder kalt essen.

Wenn du arabische Aromen magst, versuche doch einmal, das Rezept auch mit Rosenwasser zuzubereiten. Füge einfach der Sauce mehr Zitronensaft hinzu und verwende zwei Esslöffel geschälte Pistazien anstatt Mandeln.

KAROTTENKUCHEN
MIT KAROTTENPULVER

Vegan zu backen, lernte ich an einem Karottenkuchen. Ich habe ihn für alle Feste gebacken und fügte immer ausgefallenere Zutaten hinzu: Ananas, Kokosnuss, Safran … Wie so oft stellte sich jedoch heraus, dass das Geheimnis in der Einfachheit liegt und die beste Ergänzung zum Karottenkuchen eine zusätzliche Portion Karotten ist.

ZUTATEN

für eine Springform Ø 26 cm

Teig

300 g Karotten
300 g Weizen- oder Dinkelmehl
250 g Rohrzucker
225 ml Öl
3 EL gemahlene Leinsamen
1½ TL Natron
1½ TL gemahlener Zimt
1 TL Salz
1 TL gemahlener Ingwer
¼ TL geriebene Muskatnuss

Creme

100 g Cashewkerne, über Nacht in Wasser eingeweicht und abgeseiht
85 ml Pflanzenmilch
2 EL Agavendicksaft
2 EL Zitronensaft
Karottenpulver (S. 280)

ZUBEREITUNG

- Den Backofen auf 180 °C vorheizen. Karotten schälen und grob raspeln. Leinsamen in warmem Wasser einige Minuten lang einweichen.
- In einer größeren Schüssel Mehl, Natron und Gewürze verrühren. In einer kleineren Schüssel Öl, Zucker und die aufgequollenen Leinsamen vermengen und die Karotten dazugeben. Danach alle Zutaten vermischen.
- Den Teig in eine mit Backpapier ausgelegte Springform geben und für 40–45 Minuten backen.
- Alle Zutaten der Creme in einem Zerkleinerer zu einer glatten Masse mixen. Den abgekühlten Kuchen mit einer dicken Cremeschicht bestreichen und mit Karottenpulver bestreuen.

Wenn dir die Zeit oder die nötige Ausstattung fehlen, um eine Cashewcreme oder Karottenpulver herzustellen, bestreue den Teig vor dem Backen mit schwarzem Sesam.

PETERSILIENWURZELSUPPE
MIT BIRNE

Das Rezept für diese Suppe war eines der ersten, die auf meinem Blog besondere Popularität erlangten. Kein Wunder – es ist einfach, schnell, günstig und die Suppe schmeckt so gut, dass sie den Namen „Suppe der Könige" verdient, der ihr gegeben wurde.

ZUTATEN

500 g	Petersilienwurzeln
1	süße Birne
	Oliven-Bratöl
250 ml	Pflanzenmilch
250 ml	Gemüsebouillon (S. 276)
1 TL	frischer Thymian
1 Prise	geriebene Muskatnuss
	Salz
	frisch gemahlener schwarzer Pfeffer

Zum Servieren

4 EL	geröstete Mandelflocken
	natives Olivenöl extra

ZUBEREITUNG

- Petersilienwurzeln schälen und in dicke Scheiben schneiden. Das Olivenöl in einem Topf erhitzen, Petersilienwurzeln hinzufügen und fünf bis acht Minuten bei schwacher Hitze köcheln lassen. Geschälte, geviertelte und entkernte Birne hinzufügen und ca. zehn Minuten lang schmoren lassen, bis sie sehr weich geworden ist.
- Die Gemüsebouillon dazugießen und zugedeckt für 15–20 Minuten kochen, bis die Petersilienwurzeln sehr weich geworden sind.
- Den weichen Petersilienwurzeln und Birne Milch und Thymian hinzufügen und mit einem Stabmixer pürieren. Mit geriebener Muskatnuss, Salz und Pfeffer würzen. Mit nativem Olivenöl extra beträufeln und mit Mandelflocken bestreut servieren.

Man verwendet am besten eine Pflanzenmilch mit nussigem Aroma, zum Beispiel eine Mandel-, eine Haselnuss- oder eine Buchweizenmilch. Die Sojamilch kannst du lieber für andere Gerichte aufheben.

Selleriepastete

Zum Beginn meines Abenteuers mit dem Vegetarismus war die Selleriepastete das beliebteste vegetarische Gericht auf allen Namenstagsfesten. Meine Großmutter hatte ein Rezept in ihrem Notizbuch, und die Freundinnen meiner Mutter schnitten es aus Frauenzeitschriften heraus. Auch in den ersten vegetarischen Restaurants wurde die Selleriepastete serviert. Sie hat mir aber erst geschmeckt, als ich sie viele Jahre später selbst zubereitet habe, übrigens auch zum Namenstag.

Zutaten

für eine durchschnittlich große Kastenbackform

2 Knollen Sellerie (1 kg)
1 Stange Lauch (nur der weiße Teil)
300 g gekochte Hirse (150 g ungekochte Hirse)
140 g gemahlene Walnüsse
100 ml Öl

2 Knoblauchzehen
2 cm Ingwerknolle
2 Pimentkörner
2 Lorbeerblätter

2 EL Sojasauce
1 TL getrockneter Majoran
1 TL getrocknete Petersilie
½ TL getrockneter Liebstöckel
½ TL gemahlener Koriander
1–2 Prisen geriebene Muskatnuss
Salz
schwarzer Pfeffer

Zubereitung

- Das Öl in einem Topf erhitzen. Den in feine Ringe geschnittenen Lauch, Pimentkörner und Lorbeerblätter dazugeben und bei schwacher Hitze andünsten, bis der Lauch glasig und weich geworden ist. Pimentkörner und Lorbeerblätter entfernen.
- Die Sellerieknollen schälen und grob raspeln, Knoblauch und Ingwer grob hacken. Dem Lauch hinzufügen und 10–15 Minuten bei schwacher Hitze schmoren lassen, bis das Gemüse sehr weich geworden ist.
- Den Backofen auf 200 °C erhitzen. Gemüse in eine Schüssel geben, Hirse, Nüsse, Öl, Sojasauce, Gewürze hinzufügen und mit einem Stabmixer zu einer glatten Masse vermischen. Mit Salz und Pfeffer würzen.
- Die Masse in die Kastenbackform füllen und 30–45 Minuten backen. Über Nacht abkühlen lassen – am nächsten Morgen lässt sich die Pastete einfach schneiden.

> Du kannst der Pastetenmasse eine Handvoll fein geschnittene, getrocknete Aprikosen beifügen. Dann ist nichts weiter für die fertige Pastete erforderlich – nur eine Scheibe Brot und ein scharfes Messer, um weitere Portionen der Pastete abzuschneiden.

SELLERIE-CREMESUPPE

Die Sellerieknolle ist eine dieser magischen Gemüsesorten, die den Umami-Geschmack enthalten, der normalerweise mit Fleischgerichten in Verbindung gebracht wird. Lang genug gegart, verliert sie die unangenehme Schärfe und setzt ein warmes, süßes und gleichzeitig leicht salziges Aroma frei.

ZUTATEN

800–900 g	Sellerie
1 Stange	Lauch (nur der weiße Teil)
1	große Kartoffel
1	Apfel
2 L	Gemüsebouillon (S. 276)
250 ml	Pflanzenmilch
einige EL	Öl
2	Lorbeerblätter
1	Pimentkorn
½ TL	getrockneter Majoran
¼ TL	getrockneter Liebstöckel
1–2 Prisen	geriebene Muskatnuss
	Salz
	schwarzer Pfeffer

Knoblauchcroûtons

4 Scheiben	altes Brot, klein gewürfelt
1	Knoblauchzehe
3 EL	Öl
kleine Prise	getrockneter Thymian
kleine Prise	getrockneter Majoran
kleine Prise	Salz

ZUBEREITUNG

- Das Öl in einem Topf erhitzen. Den in feine Ringe geschnittenen Lauch, Lorbeerblätter und Pimentkorn hinzufügen, bei schwacher Hitze 10–15 Minuten schmoren lassen, bis das Gemüse weich und süß wird. Lorbeerblätter und Pimentkorn entfernen.
- Die Sellerieknolle, die Kartoffel und den Apfel schälen. Die Kartoffeln und die Sellerieknolle besonders fein würfeln, den Apfel etwas größer. Alle drei Zutaten dem Lauch hinzufügen und gründlich mischen.
- Die Gemüsebouillon dazugießen und zugedeckt 20–30 Minuten kochen lassen, bis das Gemüse sehr weich geworden ist.
- In der Zwischenzeit Knoblauch fein hacken, mit Öl, Salz und Kräutern verrühren. Das gewürfelte Brot damit begießen und gründlich durchmischen, damit die Brotstückchen gleichmäßig bedeckt sind. Die Croûtons in einer Bratpfanne eine Weile rösten, bis sie anfangen, goldbraun zu werden und intensiv zu duften.
- Mit einem Stabmixer das Gemüse in der Gemüsebouillon pürieren. Milch dazugeben und noch einmal mischen. Mit geriebener Muskatnuss, Salz und Pfeffer würzen. Mit den Knoblauchcroûtons servieren.

> Anstatt mit Knoblauchcroûtons lässt sich die Suppe auch mit fein gehackten Trockenpflaumen und einer großzügigen Prise schwarzem Pfeffer servieren.

LIEBLINGSBURGER

Vor einigen Jahren fing ich mit meinem Freund Adam rein zufällig an, veganes Catering zu betreiben. Fast ein halbes Jahr lang versorgten wir jeden Tag die größten TV-Stars, die in einer Fernsehserie spielten, mit Mahlzeiten. Auf Wunsch unserer Kunden wurde der Montag als Burgertag etabliert. Dank dieser Erfahrung kann ich, selbst mitten in der Nacht aufgeweckt, das Rezept aus dem Gedächtnis rezitieren und mit geschlossenen Augen mindestens hundert Burger zubereiten.

ZUTATEN

für 10–12 Burger

250 g Rote Bete, grob geraspelt
1 rote Zwiebel, sehr fein gehackt
2 Knoblauchzehen, sehr fein gehackt
400 g gekochte Hirse (200 g ungekochte Hirse)
80 g geröstete Sonnenblumenkerne
4 EL Weizen-, Dinkel- oder Buchweizen-Vollkornmehl
60 ml Öl
2 EL Sojasauce
2 EL gehackte frische Petersilie oder 2 TL getrocknete Petersilie
1 TL gemahlener Koriander
1 TL gemahlener Ingwer
½ TL Chilipulver
Salz
schwarzer Pfeffer

ZUBEREITUNG

- Den Backofen auf 200 °C vorheizen. Alle Zutaten in einer Schüssel verrühren. Die Hände mit Öl einfetten und alles drei bis sechs Minuten lang gründlich kneten, um eine klebrige Masse zu erhalten.
- Burger formen und auf ein mit Backpapier ausgelegtes Backblech legen.
- 20 Minuten lang backen, wenden und für weitere fünf bis acht Minuten backen.

Das A und O bei der Zubereitung guter Burger ist es, die Zutaten gründlich zu zerkleinern und den Teig noch gründlicher durchzukneten. Die Zwiebel sollte in Würfel geschnitten werden, die nicht dicker als zwei bis drei Millimeter sind, und der Knoblauch sollte zu einer Paste verarbeitet werden. Die Masse muss sorgfältig durchgeknetet und zu festen Pattys geformt werden. Dank dieser Sorgfalt werden die Burger kompakt, saftig und knusprig. Wenn du von der Rote-Bete-Version der Burger gelangweilt bist, kannst du die Rübe durch Karotten, Sellerieknolle, Kohlrabi oder anderes, hartes Wurzelgemüse ersetzen. Die Zwiebel lässt sich gegen Lauch oder Staudensellerie austauschen oder sogar ganz weglassen.

ROTE-BETE-CARPACCIO
MIT BROMBEEREN

Mein Freund Mateusz ging einmal auf eine Party, und als er zurückkam, sprach er von nichts anderem als einem Salat aus gerösteter Roter Bete mit Brombeeren. Er erinnerte sich nicht daran, wen er dort getroffen oder ob er sich amüsiert hatte, er dachte aber immer wieder an den Geschmack saurer Brombeeren in Kombination mit der Süße der Roten Bete. Irritiert von seiner Euphorie, bereitete ich schließlich diesen Salat zu. Und ähnlich wie Mateusz vergaß ich die ganze Welt um mich herum.

ZUTATEN

1 Knolle Rote Bete
1 Handvoll Brombeeren
1 Handvoll Rucolablätter

Sauce

4 EL Olivenöl
1 EL Balsamicoessig
½ TL Agavendicksaft
Salz
schwarzer Pfeffer

ZUBEREITUNG

- Den Backofen auf 220 °C vorheizen. Rote Bete putzen, abtrocknen und in Backpapier einwickeln. 30–40 Minuten lang backen, dann die Umhüllung entfernen, Rote Bete abkühlen lassen, anschließend schälen und in dünne Scheiben schneiden.
- In der Zwischenzeit alle Zutaten der Sauce in einer Tasse verrühren.
- Die gewaschenen und abgetrockneten Rucolablätter auf einen Teller geben und mit etwas Sauce beträufeln. Die Rote-Bete-Scheiben und Brombeeren darüberlegen und mit dem Rest der Sauce übergießen.

> Probiere das Rote-Bete-Carpaccio auch in einer leicht abgewandelten Version, z. B. in dünne Scheiben geschnittene Rote Bete auf Rucolabett mit Mandelparmesan (S: 279). Möchtest du keinen Mandelparmesan zubereiten, so kannst du die Rote Bete einfach mit Olivenöl beträufeln und mit etwas Zimt oder Anis bestreuen.

ROTE-BETE-CREMESUPPE
MIT KOKOSMILCH

Wenn ich diese Cremesuppe zum ersten Mal serviere, leckt mein Gast den Teller ab, bittet um Nachschlag und fragt, was ich der Suppe hinzugefügt hätte, dass sie so glatt, zart und samtig sei. Wenn ich dann antworte, dass Kokosmilch dafür verantwortlich sei, möchte mir kaum jemand glauben.

ZUTATEN

3 große Knollen Rote Bete
2 Knoblauchzehen
2 cm Ingwerknolle
1 kleines Stück entkernte Chilischote oder 1 Prise Chilipulver
1 Dose Kokosmilch
375 ml Wasser
1–2 EL Limettensaft
3 EL Öl
Salz
schwarzer Pfeffer

Zum Servieren
gehackte frische Petersilie oder gehackter frischer Koriander

ZUBEREITUNG

- Den Backofen auf 200 °C vorheizen. Rote Bete putzen, in Backpapier einwickeln und 45–50 Minuten lang backen.
- Umhüllung entfernen, die gebackene Rote Bete kurz abkühlen lassen. Ein Viertel einer Rote-Bete-Knolle in dünne Streifen schneiden und beiseitelegen. Die restliche Rote Bete halbieren und in dünne Scheiben schneiden.
- Öl in einem Topf erhitzen. Gehackten Knoblauch, Ingwer und Chilischote dazugeben. (Das Chilipulver sollte mit anderen Gewürzen am Ende, nach dem Pürieren der Suppe, hinzugefügt werden). Eine Minute lang schmoren lassen, dann die in Scheiben geschnittene Rote Bete (außer dem in Streifen geschnittenen Viertel) hinzufügen und gründlich mischen.
- Kokosmilch, Wasser und einen gestrichenen Teelöffel Salz hinzufügen und bei schwacher Hitze für 10–15 Minuten kochen.
- Die Suppe mit einem Stabmixer pürieren, um eine glatte Creme zu erhalten. Eventuell mit Wasser verdünnen. Mit Limettensaft, Salz und Pfeffer und ggf. Chilipulver würzen. Sehr heiß, mit Rote-Bete-Streifen garniert, servieren und mit Petersilie oder Koriander bestreuen.

> Backe nicht nur drei Rote-Bete-Knollen im Backofen – das ist weder wirtschaftlich noch nachhaltig. Du kannst gleich mehrere der Rüben backen, um noch das Rote-Bete-Carpaccio (S. 37) oder den Rote-Bete-Hummus (S. 213) vorzubereiten. Oder du bäckst die Knollen gleichzeitig mit einem Kuchen.

ROTE-BETE-KUCHEN
MIT SCHOKOLADENGLASUR

Rote Bete schmeckt nicht nur in herzhaften Gerichten, sondern auch in Kombination mit Schokolade und Kaffee hervorragend. Dank ihnen bleibt der Teig saftig und erhält ein zartes, süßes Aroma.

ZUTATEN

250 ml Pflanzenmilch
1 EL Apfelessig
1 EL Leinsamen und 3 EL warmes Wasser

170 g brauner Zucker
125 ml Rote-Bete-Püree (S. 281)
60 ml Öl
1 TL Vanilleextrakt

80 g Weizenmehl
55 g Weizenvollkornmehl
50 g Kakaopulver
2 TL löslicher Kaffee
1 TL Natron
½ TL Backpulver
1 Prise Salz

Schokoladenglasur
½ Tafel Bitterschokolade (50 g)
125 ml Kokosmilch
1 TL Getreidekaffee
Kakaopulver oder gehackte Nüsse

ZUBEREITUNG

- Den Backofen auf 180 °C vorheizen. Die Milch und den Apfelessig in eine große Schüssel geben und fünf Minuten lang stehen lassen. Leinsamen mit Wasser verrühren und für drei Minuten stehen lassen. In einer kleinen Schüssel alle trockenen Zutaten (außer Zucker) verrühren.
- Aufgequollene Leinsamen zu Milch und Essig geben, Zucker und feuchte Zutaten hinzufügen und mit dem Handmixer zu einer luftigen Masse mischen. Die trockenen Zutaten bei niedriger Mixgeschwindigkeit langsam hinzufügen. Befinden sich alle Zutaten in der Schüssel, eine Weile mischen, um eine glatte Masse zu erhalten. Den Teig dann in eine mit Backpapier ausgelegte Form gießen und 40–45 Minuten lang backen.
- In der Zwischenzeit alle Zutaten für die Schokoladenglasur in einer Stielkasserolle verrühren und unter ständigem Rühren erhitzen, bis die Schokolade vollständig geschmolzen ist. Vom Herd nehmen und mindestens 30 Minuten lang abkühlen lassen.
- Den gebackenen Kuchen kalt werden lassen, mit der Schokoladenglasur begießen (wenn sie beim Abkühlen zu stark verdickt, noch einmal leicht erhitzen) und mit Kakaopulver oder Nüssen bestreuen.

> Dieser Kuchen wird auch denjenigen schmecken, die keine Rote Bete mögen. Ihr Eigengeschmack fällt im Kuchen kaum auf, fügt ihm jedoch eine großartige, herbe Süße hinzu, die schnell süchtig machen kann.

PASTINAKEN-CREMESUPPE
MIT HASELNÜSSEN

Die Pastinake ist eine enge Verwandte der Petersilienwurzel, allerdings schmeckt sie im Vergleich dazu viel süßer und zarter. Es lohnt sich, nach ihr in Geschäften mit Bio-Lebensmitteln Ausschau zu halten oder auf den Märkten nach ihr zu fragen.

ZUTATEN

1 kg	Pastinaken
1 Stange	Lauch (nur der weiße Teil)
2	Pimentkörner
2	Lorbeerblätter
2–3 EL	Öl
1 Handvoll	Haselnüsse
500 ml	Gemüsebouillon (S. 276)
	Muskatnuss, frisch gerieben
	Salz
	schwarzer Pfeffer

Zum Servieren

kalt gepresstes, natives Rapsöl

ZUBEREITUNG

- Pastinaken putzen und in dicke Scheiben schneiden. Den Lauch der Länge nach halbieren, putzen und in halbe Ringe schneiden.
- Das Öl in einem Topf erhitzen. Die Pimentkörner und Lorbeerblätter hinzufügen und eine Minute lang erhitzen. Den Lauch dazugeben und bei schwacher Hitze für fünf Minuten schmoren lassen. Pastinaken hinzufügen, weitere zehn Minuten schmoren lassen und dabei gelegentlich umrühren.
- In der Zwischenzeit die Nüsse grob hacken, in einer heißen Bratpfanne eine Minute lang rösten und anschließend auf einem Teller beiseitestellen.
- Die Gemüsebouillon zu den Pastinaken geben und 20–25 Minuten lang kochen lassen. Die Suppe mit einem Stabmixer pürieren und mit geriebener Muskatnuss, Salz und Pfeffer würzen. Haselnüsse darüberstreuen und mit Rapsöl beträufelt servieren.

> Anstelle von Rapsöl kannst du auch ein anderes kalt gepresstes natives Öl mit markantem Eigengeschmack verwenden, z. B. Leinsamen- oder Haselnussöl.

GEBACKENE TOPINAMBUR-KNOLLEN

MIT AIOLI

Topinambur wird auch Erdsonnenblume oder Jerusalem-Artischocke genannt. Seine Namen sind schöner als sein Aussehen. Vor langer Zeit war Topinambur fast so beliebt wie Kartoffeln und Kohlrüben, dann geriet er aber in Vergessenheit. Heutzutage gelangt er langsam wieder zu Ehren und begeistert in angesagten Restaurants mit seinem zarten und nussigen Geschmack.

ZUTATEN

500 g Topinambur-Knollen
½ rote Paprikaschote
6 Knoblauchzehen
2 EL Öl
Salz

250 ml vegane Mayonnaise (S. 279)
Salz
schwarzer Pfeffer

Zum Servieren
gehackte frische Petersilie

ZUBEREITUNG

- Den Backofen auf 200 °C vorheizen. Die Topinambur-Knollen in eine Schüssel mit kaltem Wasser legen, gründlich mit Topfreiniger putzen und anschließend halbieren. Die Paprikaschote entkernen.
- Backblech mit Backpapier auslegen, die Topinambur-Knollen mit der Haut nach unten, die Paprikaschote mit der Schale nach oben und den Knoblauch in seiner Schale darauflegen. Das Gemüse mit Öl beträufeln, salzen und 25–35 Minuten lang backen.
- Das gebackene Gemüse aus dem Backofen nehmen, die Paprikaschote schälen und die Knoblauchzehen aus ihren Schalen drücken. Paprikaschoten und Knoblauch zur veganen Mayonnaise geben und alles mit dem Stabmixer fein pürieren. Mit Salz und Pfeffer würzen.
- Heiße Topinambur-Knollen mit der Sauce servieren und mit Petersilie bestreuen.

Gebackene Topinambur-Knollen lassen sich zum Abendessen ohne weitere Beilagen essen. Sie eignen sich aber auch hervorragend zum Mittagessen – z. B. serviert mit den Lieblingsburgern (S. 35) oder mit gegrillten Austernpilzen in BBQ-Sauce (S. 193).

KURKUMAWURZEL-AUFGUSS
MIT ZITRONE

Denkt man an Kurkuma, stellt man sich für gewöhnlich ein gelbes Pulver vor, das die Hände stark verfärbt und einen sehr zarten Geschmack hat. Frische Kurkumawurzel, die an Ingwerknolle erinnert, wirkt wunderbar erfrischend und weist zusätzlich ungewöhnliche, heilende Eigenschaften auf.

ZUTATEN

4 cm Kurkumawurzel
2 Scheiben Zitrone
½ TL Agavendicksaft

500 ml kochendes Wasser

ZUBEREITUNG

- Die Kurkumawurzel in Scheiben schneiden und mit den restlichen Zutaten in einen Krug geben. Mit kochendem Wasser aufgießen und für drei Minuten ziehen lassen. Den Aufguss in Tassen gießen und sehr heiß trinken.

Frische Kurkumawurzeln sind in vielen Bioläden und Supermärkten erhältlich. Sie können bis zu mehreren Wochen im Kühlschrank aufbewahrt werden und uns in Form von Aufgüssen aufwärmen. Neben dem Aufguss mit Zitrone empfiehlt es sich, auch andere Varianten des Getränks auszuprobieren – mit Ingwer, frischer Melisse oder Minze. Kurkumawurzel passt auch sehr gut zu Curry.

Kohl

BLUMENKOHL

WEISSKOHL

ROSENKOHL

GRÜNKOHL

BROKKOLI

KOHLRABI

ROTKOHL

INDISCHE KOHLSUPPE

In meiner Familie gab es oft Kohlsuppe aus Süßkohl (bekannt auch als Weißkohl) mit Kümmelsamen, einer kleinen Menge Tomaten und einer Scheibe Brot aus der Bäckerei nebenan. Dieses Rezept aus meinen Kindheitserinnerungen habe ich abgeändert. In meiner Variante schwimmen Kreuzkümmel und Chilischote anstelle von Kümmelsamen in der Suppe; dazu wird indisches Naan als Beilage serviert.

ZUTATEN

1 kleiner Kohl (400 g)
2 Kartoffeln
2 Knoblauchzehen
½ entkernte Chilischote
2 TL Kreuzkümmelsamen
2–3 EL Öl

1½ L Gemüsebouillon (S. 276)
1 Dose geschnittene Tomaten (400 ml)
Salz
schwarzer Pfeffer

Zum Servieren
gehackte frische Petersilie oder gehackter frischer Koriander
selbst gemachtes Naan (S. 277)

ZUBEREITUNG

- Den Kohl entlang des Strunks vierteln und dann hobeln. Kartoffeln schälen und würfeln.
- Knoblauch und Chilischote klein hacken. Das Öl in einem Topf erhitzen. Den Knoblauch, die Chilischote und die Kreuzkümmelsamen hinzugeben und 30 Sekunden lang dünsten lassen. Kohl und Kartoffeln hinzufügen. Alles gründlich mischen und bei schwacher Hitze zugedeckt 15 Minuten schmoren lassen.
- Den „angeschmorten" Kohl und die Kartoffeln mit Gemüsebouillon aufgießen, der Suppe Dosentomaten und eine Prise Salz beifügen und alles zugedeckt für 15–20 Minuten kochen lassen. Zum Schluss mit Salz und Pfeffer würzen. Mit gehackter Petersilie oder mit gehacktem Koriander und Naan servieren.

Falls du Linsen zur Hand hast, kannst du 120 Gramm Linsen gleichzeitig mit den Tomaten hinzugeben. Dadurch machst du aus der Suppe ein schnelles Hauptgericht.

ROTKOHL
MIT DATTELSIRUP UND GRANATAPFELKERNEN

In der traditionellen polnischen Küche wird Rotkohl grundsätzlich nur in zwei Varianten serviert: geschmort und mit einer Mehlschwitze gemischt oder als Rohkostsalat mit Apfel.

ZUTATEN

½	Rotkohl (800 g)
90 g	getrocknete Aprikosen
½ Bund	frische Petersilie

Sauce

1 EL	Kreuzkümmelsamen
4 EL	natives Olivenöl extra
3 EL	Dattelsirup
2 EL	Zitronensaft
¼ TL	Chilipulver
1 Prise	schwarzer Pfeffer
	Salz

Zum Servieren

Kerne aus ½ Granatapfel

ZUBEREITUNG

- Den Kohl entlang des Strunks halbieren, anschließend sehr fein hobeln und in eine Schüssel geben. Die in Streifen geschnittene Aprikosen und zu einer Paste gehackte Petersilie hinzugeben.
- Eine Bratpfanne erhitzen und Kreuzkümmelsamen 15–30 Sekunden lang darin rösten. In eine Tasse umfüllen, die restlichen Zutaten der Sauce hinzufügen und gründlich mischen.
- Die fertige Sauce zum Rotkohl geben und alles gründlich durchkneten, um so viel Saft wie möglich aus dem Kohl herauszupressen. Zum Schluss Granatapfelkerne unterrühren. Schmeckt ausgezeichnet mit Falafel (S. 217) und Hummus (S. 213).

> Um die Granatapfelkerne herauszulösen und sie dabei nicht zu zerdrücken, schneide die Fruchtschale mit einem scharfen Messer an, brich den Granatapfel in zwei Hälften und diese wiederum in kleinere Teile. Aus den kleinen Stücken lassen sich die einzelnen Kerne leicht herausnehmen.

GEBACKENE KOHLROULADEN
IN KARAMELLSAUCE

Die lange Zubereitungszeit hat mich immer von davon abgeschreckt, die traditionellen Kohlrouladen selber zu machen. Man muss jeder Roulade einen Moment widmen, um sie zu wickeln, und dann alle sorgfältig in einem großen Topf platzieren und aufpassen, dass sie nicht anbrennen. Gebackene Kohlrouladen sind einfacher, schneller zuzubereiten und mindestens genauso lecker.

ZUTATEN
für 16 Kohlrouladen

1	Wirsing
300 g	Reis
20	getrocknete Waldpilze
2	Wacholderbeeren
2	Pimentkörner
2	Lorbeerblätter
750 ml	Wasser
2 EL	Sojasauce
1 TL	getrockneter Majoran
1 TL	getrockneter Thymian
	Salz
	schwarzer Pfeffer

Sauce

2 Dosen	Tomaten (jeweils 400 ml)
2 EL	Rohrzucker
½ TL	gemahlener Zimt
	Salz
	schwarzer Pfeffer

ZUBEREITUNG

- In einem großen Topf etwas Salzwasser aufkochen und den ganzen Kohl vorsichtig hineinlegen. Bei schwacher Hitze für 10–12 Minuten kochen und dann abseihen.
- In der Zwischenzeit die getrockneten Waldpilze in Streifen schneiden und zusammen mit dem Reis, Pimentkörnern, den Lorbeerblättern und einer Prise Salz in einen Topf geben. Mit Wasser aufgießen und bei schwacher Hitze kochen, bis der Reis die gesamte Flüssigkeit aufgenommen hat. Abkühlen lassen und dann mit Sojasauce, Kräutern, Salz und Pfeffer würzen.
- In einem Topf bei schwacher Hitze Zucker und gemahlenen Zimt erhitzen. Wenn sich der Zucker aufgelöst hat und goldfarben wird, Dosentomaten hinzufügen und die Hitze erhöhen. Vorsichtig mischen, und wenn die Sauce blubbert, die Hitze reduzieren und fünf bis acht Minuten lang kochen. Mit Salz und Pfeffer würzen.
- Den Backofen auf 200 °C vorheizen. Den gekochten Kohl auf ein Schneidebrett legen und den Strunk herausschneiden. Einzelne Blätter abtrennen und mit Küchenkrepp abtrocknen.
- In die Mitte jedes Blattes einen gehäuften Esslöffel Reis platzieren. Kohlrouladen eng wickeln und in einer feuerfesten Auflaufform anrichten. Mit Tomatensauce übergießen und 15–20 Minuten lang backen. Sofort servieren.

> Anstelle des Wirsings empfiehlt es sich, auch den beliebten Weißkohl zu verwenden. Wenn du Rotkohl nimmst, werden die Kohlrouladen zwar etwas kleiner, aber sie erhalten dann eine schöne lila Farbe.

Grünkohlchips

Eine meiner Lieblingsköstlichkeiten aus Grünkohl sind knusprige Chips, die in wenigen Minuten vorbereitet sind. Um die typische Kohl-Bitterkeit loszuwerden, ist es ratsam, dem Grünkohl bei der Zubereitung etwas Zitronenschale und Chilipulver hinzuzufügen. Man kann ihn aber auch mit Kreuzkümmel, Sumach, rotem Pfeffer, Harissa oder anderen Gewürzen würzen.

Zutaten

1 Bund Grünkohl (5 Blätter)
2 EL Öl
½ TL abgeriebene Zitronenschale
¼ TL Chilipulver
1 Prise Salz
1 Prise schwarzer Pfeffer

Zubereitung

- Den Backofen auf 200 °C vorheizen. Den Grünkohl waschen und abtrocknen. Die dicken Stiele herausschneiden und die Blätter in 2–3 cm große Stückchen zupfen.
- Die geteilten Blätter in eine große Schüssel legen und sorgfältig mit Öl und Gewürzen einreiben.
- Die Blätter auf ein mit Backpapier ausgelegtes Backblech eng nebeneinanderlegen, aber so, dass sie nicht überlappen. Fünf Minuten lang backen und dabei aufpassen, dass die Chips nicht anbrennen. In einer Papiertüte können sie sogar einige Wochen lang aufbewahrt werden.

> Ähnliche Chips gelingen mit Weiß- und Rotkohl, Rosenkohl oder Blumenkohlblättern (S. 79). Stelle nur sicher, dass die Blätter eine ähnliche Größe und Dicke haben.

GRÜNKOHLSALAT
MIT APFEL

Im Gegensatz zu den meisten Kohlarten schmeckt roher Grünkohl köstlich. Er braucht nur gute Zutaten. Sein nussiger Geschmack wird am besten ergänzt durch süßen Ahornsirup und festen, sauren Apfel.

ZUTATEN

1 Bund Grünkohl (5 Blätter)
1 fester, saurer Apfel
50 g Mandeln
2 TL Zitronensaft

Sauce

5 EL Ahornsirup
3 EL Senf
3 EL Olivenöl oder anderes natives Öl
2 EL Zitronensaft
1 Prise Salz

ZUBEREITUNG

- Den Apfel schälen, würfeln, in eine Schüssel geben und mit Zitronensaft beträufeln (durch die Zitronensäure wird er nicht dunkel und bleibt knackig).
- Eine Bratpfanne erhitzen und Mandeln darin ein bis zwei Minuten lang rösten und anschließend grob hacken. Den Grünkohl waschen und abtrocknen. Die dicken Stiele herausschneiden und die Blätter in kleine Stückchen zupfen.
- Alle Zutaten der Sauce in einer Tasse verrühren. Die Grünkohlblätter und gehackte Mandeln in die Schale mit den Apfelstückchen geben. Mit Sauce begießen und sorgfältig mischen.

Anstelle der Äpfel kannst du auch Birnen und anstelle der Mandeln Haselnüsse verwenden. Der Salat schmeckt auch gut mit gebackenen Kürbisstücken und Kürbiskernen.

GRÜNKOHLSALAT
MIT TAHINA UND SRIRACHA-SAUCE

Mit seinen Vorbildern diskutiert man nicht. Wenn also eine meiner Lieblingsautorinnen veganer Kochbücher, Isa Chandra Moskowitz, seit Jahren wiederholt, dass es kein besseres Duo gebe als Tahina und Sriracha-Sauce, dann bedeutet das, dass es so ist. Und wenn du es nicht glaubst, dann probiere diesen Salat – du wirst Grünkohl, Tahina, Sriracha-Sauce und … Isa lieben.

ZUTATEN

1 Bund Grünkohl (5 Blätter)
10 Cocktailtomaten
½ reife Avocado

Sauce
60 ml weiße Tahina
½ gehackte Knoblauchzehe
3 EL kaltes Wasser
1 Prise Salz

Zum Servieren
Sriracha-Sauce
feines Öl

ZUBEREITUNG

- Den Grünkohl waschen und abtrocknen. Die dicken Stiele herausschneiden und die Blätter in kleine Stückchen zupfen. Tomaten halbieren, Avocado in Streifen schneiden. Grünkohl auf einem großen Teller verteilen und Tomaten und Avocado darauflegen.
- Alle Zutaten der Sauce in ein Schraubglas geben. Das Glas verschließen und so lange intensiv schütteln, bis die Sauce eine cremige Konsistenz angenommen hat. Das Gemüse mit der fertigen Sauce übergießen und anschließend mit Sriracha-Sauce und Öl beträufeln.

Die Sriracha-Sauce findest du in Lebensmittelgeschäften mit asiatischen Produkten. Sie ist nicht teuer, lässt sich lange Monate im Kühlschrank aufbewahren und eignet sich zum Würzen von Suppen, Eintöpfen, Brotaufstrichen und asiatischen Salaten.

ROSENKOHL
MIT SÜẞKARTOFFELN UND ZITRONENSTREUSELN

Als ich in den Niederlanden studierte, teilte ich meine Wohnung unter anderem mit Marco aus Sizilien. Er war ein Engel! Er kochte für mich Nudeln mit fleischlosen Saucen, brachte mir bei, wie man Lasagne zubereitet, und probierte gerne das, was ich kochte. Das Einzige, was er hasste, war Rosenkohl. An einem Herbstabend überredete ich ihn dazu, Rosenkohl eine Chance zu geben – und ich bereitete diesen Auflauf für ihn zu. Er aß auf, bat um einen Nachschlag und rief seine „mamma" an, um ihr zu sagen, dass sie ihr ganzes Leben lang Rosenkohl falsch zubereitet habe.

ZUTATEN

400 g Rosenkohl (je kleiner, desto besser)
200 g Süßkartoffeln
abgeriebene Schale von ½ Zitrone
Salz
schwarzer Pfeffer

Streusel

50 g kaltes Kokosnussöl und 3 EL zum Einreiben von Gemüse
100 g Weizenmehl oder Dinkelmehl
½ TL gemahlener Ingwer
¼ TL Chilipulver
¼ TL Kurkuma
abgeriebene Schale von ½ Zitrone
Salz
schwarzer Pfeffer

ZUBEREITUNG

- Die großen Rosenkohlröschen halbieren, die kleinen ganz lassen. Die Süßkartoffeln schälen und fein würfeln.
- In einem Topf leicht gesalzenes Wasser kochen und Rosenkohl, Süßkartoffeln und Zitronenschale dazugeben. Mit Salz und Pfeffer würzen. Fünf Minuten lang kochen und dann abseihen, die Zitronenschale entsorgen und das Gemüse zum Trocknen beiseitestellen.
- Den Backofen auf 200 °C vorheizen. Alle Streuselzutaten in einen kleinen Behälter geben und mit einem Stabmixer mischen, bis sie zu einem klumpigen, bröckelnden Teig werden, oder auf einem Schneidebrett hacken.
- Das getrocknete Gemüse sorgfältig mit Kokosöl einreiben und gleichmäßig in der Auflaufform verteilen. Mit Streuseln bestreuen und 20–30 Minuten lang backen. Heiß als Beilage zum Mittagessen oder als leichtes Abendessen servieren.

> Wenn du keine Süsskartoffeln im Geschäft findest, kannst du sie durch Karotten oder Pastinaken ersetzen oder einfach weglassen.

WINTERSUPPE
MIT ROSENKOHL UND APFEL

Rosenkohl ist die wohl unbeliebteste Kohlsorte. Die meisten meiner Freunde mögen keinen Rosenkohl, einige sagen, dass sie ihn hassen, und es gibt einige, die darauf bestehen, dass sie ihn nicht mal in den Mund nehmen würden. Doch alles, was nötig ist, um dem Rosenkohl Geschmack abzugewinnen, ist, ihn mit Fantasie zuzubereiten.

ZUTATEN

300 g Rosenkohl
1 saurer Apfel
1 Karotte
1 kleine Petersilienwurzel
120 g Perlgraupen

1 Knoblauchzehe
2 Pimentkörner
2 Lorbeerblätter
1 TL getrocknete Petersilie
½ TL getrockneter Thymian
½ TL getrockneter Majoran
½ TL getrockneter Liebstöckel
einige EL Öl
375 ml Gemüsebouillon (S. 276)
Salz
schwarzer Pfeffer

Zum Servieren
getrocknete Apfelringe

ZUBEREITUNG

- Rosenkohl halbieren, Apfel, Karotte und Petersilienwurzel schälen, fein würfeln und den Knoblauch klein hacken.
- Das Öl in einem Topf erhitzen. Knoblauch, Pimentkörner und Lorbeerblätter hinzufügen und eine Minute braten. Gemüse, Apfel, Perlgraupen und Kräuter dazugeben, alles gründlich mischen und bei schwacher Hitze fünf bis acht Minuten köcheln lassen.
- Mit der Gemüsebouillon aufgießen und 20–30 Minuten zugedeckt kochen. Zum Schluss mit Salz und Pfeffer würzen. Mit getrockneten Apfelringen servieren.

Wenn du magst, gib zu dieser Suppe auch anderes Wintergemüse dazu – Lauch, Sellerieknolle oder Kohlrabi. Außerdem lohnt es sich auch, ein paar Trockenpflaumen hinzuzufügen.

LIEBSTÖCKEL-KOHLRABI

Dies ist das Rezept meiner Großmutter, die Kohlrabi liebt und jedes Jahr mindestens ein paar Beete davon in ihrem Gemüsegarten anbaut. Dann knabbern wir sie den ganzen Sommer lang roh, nur mit Salz bestreut. Diejenigen, die übrig bleiben, füllt meine Großmutter mit Reis und viel Liebstöckel.

ZUTATEN

6 Knollen junger Kohlrabi
1 Stange Lauch (nur der grüne Teil) – optional
100 g Reis
250 ml Gemüsebouillon (S. 276) oder Wasser
1 geraspelter saurer Apfel
1 Knoblauchzehe, fein gehackt
2 EL gehackter frischer Liebstöckel
2 EL gehackter frischer Dill
2 EL gehackter frischer Schnittlauch
abgeriebene Schale von ½ Zitrone
Salz
schwarzer Pfeffer

ZUBEREITUNG

- In einem Topf leicht gesalzenes Wasser kochen. Den Kohlrabi im Ganzen und den Lauch hineingeben. 45 Minuten kochen, anschließend abtrocknen und abkühlen lassen.
- In der Zwischenzeit die Gemüsebouillon oder Wasser über den Reis gießen, eine Prise Salz hinzufügen und bei schwacher Hitze kochen, bis der Reis die gesamte Flüssigkeit aufgenommen hat. Den gekochten Reis in eine Schüssel geben und mit Apfel, Knoblauch, Zitronenschale und Kräutern vermischen. Mit Salz und Pfeffer würzen und beiseitestellen.
- Den Backofen auf 175 °C vorheizen. Die Oberseite jedes Kohlrabis abschneiden, das Fruchtfleisch herauslöffeln, beiseitestellen und anschließend vorsichtig zerkleinern, zum Reis geben und alles mischen. Mit Salz würzen und die Füllung in die ausgehöhlten Kohlrabis geben. Diese mit den abgeschnittenen Deckeln bedecken und leicht mit Öl beträufeln. 20–30 Minuten backen, bis die Kohlrabis golden und sehr weich sind.

Die Kohlrabis in Gemüsebouillon zu kochen, und zwar mit dem grünen Teil des Lauchs, gibt ihnen einen kräftigeren Geschmack, aber wenn du diesen grünen Teil nicht hast, ist es nicht so schlimm. Denke einfach das nächste Mal, wenn du nur den weißen Teil des Lauches benutzt, daran, den grünen Teil einzufrieren. Du wirst ihn nicht nur für dieses Rezept, sondern auch für Brühe oder Gemüsebouillon brauchen.

PESTO AUS BROKKOLI

Ich versuche, nichts in meiner Küche zu verschwenden. Daher bereite ich Gemüsebouillon aus Gemüseschalen zu, verarbeite Gemüsegrün zu Pesto (S. 111), hacke Blumenkohlblätter und gebe sie zu Salaten und esse den Brokkoli samt Strunk. Selbst mein Gemüsehändler sammelt für mich Brokkolistrünke, die die anderen Käufer abschneiden lassen. Die Armen wissen nicht, was sie verpassen!

ZUTATEN

1	Brokkoli
150 g	Mandeln
1	Knoblauchzehe
4 EL	Hefeflocken
2 EL	gehackte frische Petersilie
1	Stückchen entkernte Chilischote oder etwas Chilipulver
1 TL	abgeriebene Zitronenschale
170 ml	natives Olivenöl extra
	Salz
	schwarzer Pfeffer

ZUBEREITUNG

- Eine Bratpfanne erhitzen und Mandeln ohne Fett etwa eine Minute lang rösten, bis sie anfangen zu duften, und diese dann auf einen Teller legen und beiseitestellen.
- In einem Topf leicht gesalzenes Wasser kochen. Die Brokkoliröschen abschneiden, den Strunk von der harten Haut befreien und in dünne Scheiben schneiden. Alles in den Topf geben und drei Minuten lang erhitzen, bis das Wasser wieder angefangen hat zu kochen, und dann vorsichtig abseihen und schnell mit kaltem Wasser abschrecken (damit der Brokkoli seine schöne grüne Farbe behält).
- Den gekochten Brokkoli zusammen mit den gerösteten Mandeln und den anderen Zutaten in die Schüssel geben und kurz mit einem Stabmixer zu einem Pesto verarbeiten. Mit Salz und Pfeffer würzen und in ein Schraubglas geben. Im Kühlschrank bis zu zehn Tage oder mit Öl aufgefüllt einige Wochen lang haltbar. Mit deiner Lieblingspasta servieren.

> Aus dem Brokkolistrunk kannst du auch ein tolles Carpaccio zubereiten. Schneide ihn mit dem Schäler in dünne Scheiben, gib über Nacht etwas natives Olivenöl extra mit Knoblauch dazu und bestreue das Ganze morgens mit frisch gemahlenem Pfeffer.

BROKKOLI-CREMESUPPE

Dies ist das „kleine Schwarze" unter den vegetarischen Gerichten. Es passt zu jedem Anlass und zu allem. Gut zubereitet und reichlich mit Mandelparmesan bestreut, wird diese Cremesuppe nie langweilig.

ZUTATEN

1	Brokkoli
1 Stange	Lauch (nur der weiße Teil)
1	Knoblauchzehe
750 ml	Wasser
250 ml	Gemüsebouillon (nach Bedarf, S. 276)
1 Prise	geriebene Muskatnuss
	Öl
	Salz
	schwarzer Pfeffer

Zum Servieren

	Mandelparmesan (S. 279)
	natives Olivenöl extra

ZUBEREITUNG

- Brokkoliröschen vom Strunk trennen. Das Öl in einem Topf erhitzen. Den in Scheiben geschnittenen Strunk hineingeben und fünf Minuten lang braten. Mit Wasser aufgießen, eine großzügige Prise Salz hinzufügen und 30 Minuten zugedeckt garen. Den gekochten Strunk herausnehmen; er wird nicht mehr gebraucht. Die Brokkolibrühe beiseitestellen.
- In der Zwischenzeit den Lauch in Ringe schneiden und den Knoblauch klein hacken. Zwei Esslöffel Öl in einem Topf erhitzen. Knoblauch dazugeben und für 30 Sekunden braten lassen. Lauch hinzufügen, Hitze reduzieren und zehn Minuten lang köcheln lassen, aufpassen, dass er nicht anbrennt (sollte glasig und weich sein).
- Die Brokkoliröschen in kleinere Stücke schneiden. Zu dem weichen Lauch geben und eine Weile köcheln lassen. Mit 500 Milliliter Brokkolibrühe aufgießen und zugedeckt 15–20 Minuten kochen lassen (der Brokkoli sollte sehr weich, aber nicht zerkocht sein).
- Die Suppe mit einem Stabmixer pürieren. Wenn sie zu dickflüssig ist, Gemüsebrühe hinzufügen. Mit Salz, Pfeffer und geriebener Muskatnuss würzen. Mit einigen Tropfen nativem Olivenöl extra und Mandel-Parmesankäse servieren.

> Wenn du keine Sahne zur Hand hast, aber möchtest, dass deine Suppe cremiger wird, gib eine kleine, gewürfelte Kartoffel hinzu. Nach dem Mixen wird sie der Suppe eine außergewöhnliche Cremigkeit verleihen.

ALOO GOBI

Es ist das beliebteste Blumenkohl-Curry. Aloo bedeutet Kartoffeln und gobi Blumenkohl. Am besten bereitet man das Curry im Sommer zu – der Hauptsaison für diese beiden Gemüse.

ZUTATEN

Masala

2 entkernte Chilischoten
2 Knoblauchzehen
3 cm Ingwerknolle
1 Prise Salz

4 EL Öl
1½ TL gemahlener Kreuzkümmel
¼ TL Asafoetida

1 Blumenkohl, in Röschen geteilt
1 Kartoffel, gewürfelt
2 Dosen geschnittene Tomaten (jeweils 400 ml)
250–375 ml Wasser
2 TL gemahlener Koriander
½ TL gemahlener Kreuzkümmel
½ TL Kurkuma
Salz

Zimt-Kardamom-Reis

200 g Reis
500 ml Wasser
1 Zimtstange
2 Kardamomschoten
½ TL Kurkuma
Salz

Zum Servieren

frischer Koriander

ZUBEREITUNG

- Alle Zutaten der Masala verrühren und mit einem Stabmixer zerkleinern oder im Mörser zu einer glatten Masse zerreiben.
- Das Öl in einem Topf erhitzen. Kreuzkümmel und Asafoetida hinzufügen, einige Sekunden lang braten, dann die Masala dazugeben und ein bis zwei Minuten lang dünsten. Die Hitze reduzieren, Blumenkohl und Kartoffel hinzufügen und fünf Minuten köcheln lassen. Dosentomaten, Wasser, Koriander, Kreuzkümmel und Kurkuma dazugeben und 15–20 Minuten zugedeckt kochen.
- In der Zwischenzeit den Reis mit Wasser bedeckt aufsetzen, die restlichen Zutaten hinzufügen und zugedeckt bei schwacher Hitze garen, bis der Reis die gesamte Flüssigkeit aufgenommen hat.
- Das fertige Curry mit Salz abschmecken. Mit Zimt-Kardamom-Reis servieren und mit Koriander bestreuen.

> Wenn du keine Asafoetida im Haus hast, ist das kein Problem. Ersetze sie durch eine fein gehackte Knoblauchzehe und das Viertel einer Zwiebel.

BLUMENKOHL-COUSCOUS

Dieses Rezept stammt aus Israel, aus den lauten Straßen Jerusalems, wo ich Blumenkohl-Couscous in einem der Imbisse bestellt habe. Ich war mir sicher, dass ich auf meinem Teller eine Mischung aus Grütze und Blumenkohlröschen sehen würde. Doch ich habe etwas viel, viel Besseres bekommen.

ZUTATEN

1 Blumenkohl
75 g geröstete Mandeln
2 EL halbierte Rosinen
4 EL gehackte frische Petersilie
2 EL gehackte frische Minzblätter
1 EL gehackter frischer Koriander oder reichlich gehackte frische Petersilie
2 EL Zitronensaft
1 TL Kreuzkümmelsamen
½ TL gemahlener Koriander
1 Msp. gemahlener Zimt
1 Msp. Chilipulver
TL gemahlener Kreuzkümmel
3–4 EL Olivenöl
Salz

ZUBEREITUNG

- Den Backofen auf 200 °C vorheizen. Den Blumenkohl in ein paar große Stücke teilen, auf ein mit Backpapier ausgelegtes Backblech legen und zehn Minuten lang backen, danach umdrehen und weitere fünf Minuten backen. Dabei darauf achten, dass der Blumenkohl nicht anbrennt – falls notwendig, mehrmals wenden.
- Den gerösteten Blumenkohl aus dem Backofen nehmen, eine Weile abkühlen lassen und anschließend fein raspeln.
- Den zerkleinerten Blumenkohl in eine Schüssel geben und mit den anderen Zutaten gut vermischen.

Der Blumenkohl-Couscous kann einige Tage im Kühlschrank aufbewahrt werden und schmeckt auch kalt hervorragend.

BLUMENKOHL-MAIS-CHOWDER

Chowder – die dickflüssigen, angedickten Suppen mit viel Gemüse und anderen Zutaten – gehören zu meinen Lieblingsgerichten. Sie sind süß und würzig zugleich und zusätzlich so gehaltvoll, dass sie mit einer Scheibe Brot als Mittagessen ausreichen.

ZUTATEN

1 Maiskolben
1 kleiner Blumenkohl
1 Stange junger Lauch
1 Stange Staudensellerie
5 getrocknete Tomaten in Öl
1 Bund frische Frühlingszwiebeln

1 L Pflanzenmilch
500–750 ml Gemüsebouillon (S. 276)
einige EL Öl, mit dem die Tomaten konserviert wurden

2 Lorbeerblätter
1 Pimentkorn
½ TL geräuchertes Paprikapulver
¼ TL Chilipulver
1–2 Prisen Muskatnuss, frisch gerieben
Salz
schwarzer Pfeffer

ZUBEREITUNG

- Die Maiskörner vom Kolben trennen (den leeren Kolben entsorgen), den Blumenkohl in sehr kleine Röschen teilen, den Staudensellerie und den Lauch in Scheiben schneiden und die Tomaten hacken.
- Das Öl in einem Topf erhitzen. Gemüse und Gewürze hinzufügen (außer der geriebenen Muskatnuss) und für zehn Minuten schmoren lassen, dabei gelegentlich umrühren.
- In der Zwischenzeit die Frühlingszwiebeln schneiden. Das geschmorte Gemüse mit Milch aufgießen und 15–20 Minuten bei schwacher Hitze köcheln lassen, bis der Blumenkohl weich geworden ist.
- Je nach Dickflüssigkeit der Suppe die Brühe ganz oder teilweise dazugeben. Mit geriebener Muskatnuss, Salz und Pfeffer würzen, drei Viertel der Frühlingszwiebeln hinzufügen und gut vermischen. Mit einem Esslöffel Frühlingszwiebeln und leckerem Brot servieren.

Zu diesem Chowder passen hervorragend auch Süßkartoffeln, Moschus-Kürbis und Sellerieknolle.

CREMESUPPE AUS GEBACKENEM BLUMENKOHL
MIT CHIPS AUS BLUMENKOHLBLÄTTERN

Wenn ich Gedichte schreiben würde, dann würde ich sicherlich eines davon dieser Suppe widmen. Cremig, seidig, samtig … Mit dem intensiven Geschmack gebackenen Blumenkohls, den die knackigen Chips aus Blumenkohlblättern verleihen … Okay, vielleicht höre ich doch mit der Poesie auf und bleibe bei den Rezepten.

ZUTATEN

1 Blumenkohl
250–375 ml Gemüsebouillon (S. 276)
½ TL gemahlener Kreuzkümmel
125–250 ml Pflanzenmilch
Salz
schwarzer Pfeffer

Chips aus Blumenkohlblättern
Blätter eines Blumenkohls
1 Msp. geräuchertes Paprikapulver
1 Msp. Chilipulver
1–2 EL Öl
Salz

Sauce
2 EL Tahina
2 EL Wasser
½ fein gehackte Knoblauchzehe oder 1 Msp. Knoblauchgranulat
Salz

Zum Servieren
1 Handvoll geröstete Pinienkerne

ZUBEREITUNG

- Den Backofen auf 200 °C vorheizen. Die Blätter vom Blumenkohl trennen, aber nicht entsorgen. Den Blumenkohl in Röschen teilen, auf ein mit Backpapier ausgelegtes Backblech legen und für zehn Minuten von jeder Seite backen. Den Backofen anlassen.
- Den gebackenen Blumenkohl in den Topf geben. Mit Gemüsebouillon aufgießen und zugedeckt 15–20 Minuten kochen, bis der Blumenkohl sehr weich geworden ist.
- In der Zwischenzeit die dicken Stiele aus den Blumenkohlblättern ausschneiden, die grünen Teile in eine Schüssel geben und mit Öl und Gewürzen gründlich einreiben. Auf ein mit Backpapier ausgelegtes Backblech legen und 10–15 lang Minuten backen, bis sie knusprig und goldgelb geworden sind. Gegend Ende des Backvorgangs einen Blick in den Backofen werfen und die kleineren Blätter herausnehmen, die bereits fertig sind, damit sie nicht verbrennen.
- Die Suppe mit einem Stabmixer pürieren, mit Milch aufgießen und erneut mixen. Mit Salz und Pfeffer würzen.
- Alle Zutaten der Sauce in einer Tasse mischen. Die heiße Cremesuppe mit einem Esslöffel Sauce, Blumenkohlblatt-Chips und gerösteten Pinienkernen servieren.

Die Pinienkerne kannst du weglassen oder durch Mandeln ersetzen, aber verzichte nicht auf die Sauce. Sie vervollständigt den Geschmack der Suppe und harmoniert perfekt mit dem Geschmack der Chips.

Zwiebeln, Knoblauch und Lauch

WEISSE ZWIEBEL

ROTE ZWIEBEL

KNOBLAUCH

LAUCH

FLADENBROTE
MIT ZWIEBEL UND APFEL

Salzhörnchen, Salzkipferl und cebularz assoziiere ich mit meiner Mutter, die mich – als ich ein Kind war – mit dieser Art Gebäck verköstigte, obwohl ich es nicht mochte. Erst viele Jahre später, schon als erwachsene Frau, verstand ich ihre Schwäche für diese süß-salzigen Spezialitäten.*

ZUTATEN

600 g	Vollkornweizenmehl
300 ml	Wasser
100 ml	warme Pflanzenmilch
1 EL	Mohn
7 g	Trockenhefe
4 EL	Öl
2 TL	Salz

Füllung

4	Zwiebeln
1	Apfel
1 TL	frischer Rosmarin
mehrere EL	Öl

ZUBEREITUNG

- Das Mehl in eine Schüssel sieben, die restlichen Teigzutaten hinzufügen und entweder mit den Händen oder mit dem Handmixer 10–15 Minuten lang kneten, bis der Teig geschmeidig ist und nicht mehr klebt. Mit einem dicken Geschirrtuch zudecken, an einem warmen Ort beiseitestellen und eineinhalb Stunden gehen lassen.
- In der Zwischenzeit die Zwiebeln in Streifen schneiden, den Apfel schälen und fein würfeln. Das Öl in einer Bratpfanne erhitzen. Die geschnittenen Zwiebeln, den gewürfelten Apfel und Rosmarin hinzugeben und bei schwacher Hitze 15 Minuten braten lassen, ab und zu umrühren. Die fertige Füllung auf einen Teller geben und beiseitestellen.
- Den aufgegangenen Teig in zwölf Portionen teilen. Aus jedem Teil eine Kugel formen und diese mit den Fingern auseinanderziehen, um einen Fladen zu formen. In jedem Fladen eine Vertiefung formen und mit der Füllung belegen. Die fertigen Fladen auf ein mit Backpapier ausgelegtes Backblech legen, beiseitestellen und 30 Minuten an einem warmen Ort gehen lassen.
- Den Backofen auf 180 °C vorheizen. Die aufgegangenen Fladenbrote ca. 15 Minuten lang backen, bis sie leicht braun geworden sind.

> Wenn du magst, backe den Teig in Form eines Kranzes. Flechte ihn dazu wie im Rezept für den Zimtkranz (S. 121) und serviere ihn mit Salat oder Rohkostsalat.

**Anm. d. Übers.: cebularz – Hefeteilchen mit Zwiebelwürfeln und Mohnkrönung*

ROTE-ZWIEBEL-SUPPE
MIT ZATAR

Die traditionelle französische Zwiebelsuppe wird mit weißen Zwiebeln gekocht und mit Thymian und Croûtons serviert. Ersetzt man aber weiße Zwiebeln durch rote, Thymian durch erfrischenden Zatar und Croûtons durch gegrilltes Pita, verleiht das dem guten, alten Gericht einen ganz neuen Charakter.

ZUTATEN

½ kg rote Zwiebeln
500–750 ml Gemüsebouillon (S. 276)
1 EL Aceto balsamico
1 TL Sumach
1 TL getrockneter Thymian
Oliven-Bratöl
Salz
frisch gemahlener schwarzer Pfeffer

Zum Servieren

Zatar (S. 282)
Croûtons oder gegrilltes Pita

ZUBEREITUNG

- Die Zwiebeln halbieren und in Streifen schneiden. Das Olivenöl in einem Topf mit dickem Boden erhitzen, die Zwiebeln und Sumach hinzugeben, bei minimaler Hitze 15–20 Minuten dünsten und ab und zu umrühren, bis die Zwiebeln weich und glasig geworden sind.
- Aceto balsamico hinzufügen und mit Gemüsebouillon aufgießen. Thymian hineingeben und die Suppe für weitere 10–15 Minuten köcheln lassen. Am Ende mit Salz und Pfeffer würzen. Sehr heiß und mit viel Zatar, Croûtons oder gegrilltem Pita bestreut servieren.

> Wenn du zur Suppe noch Pita, Hummus (S. 213) und Taboulé (S. 105) servierst, hast du ein leichtes arabisches Mittagessen für mehrere Personen.

AUFSTRICH AUS GEBACKENEM KNOBLAUCH

Roher Knoblauch schmeckt scharf. Aber gebacken wird er zu einer süßen, leicht karamelligen Creme. Er ist so zart, dass man ihn direkt aus der Schale essen kann. Doch er schmeckt noch besser, wenn du mit ihm Brotaufstriche würzt.

ZUTATEN

1	Knoblauchknolle
1 Dose	weiße Bohnen oder 120 g trockene Bohnen, weich gekocht
1	frischer Rosmarinzweig oder ½ TL getrockneter Rosmarin
85 ml	natives Olivenöl extra
½ TL	Zitronensaft
¼ TL	abgeriebene Zitronenschale
	Öl
	Salz
	schwarzer Pfeffer

ZUBEREITUNG

- Den Backofen auf 180 °C vorheizen. Den Knoblauch nicht schälen, sondern nur die äußere Schicht abnehmen, bis alle Zehen sichtbar sind. Diese leicht mit Öl bestreichen und 20–30 Minuten lang backen, bis der Knoblauch weich geworden ist. Aufpassen, dass er nicht anbrennt – falls notwendig, mit Backpapier abdecken.
- Den gebackenen Knoblauch abkühlen lassen. In der Zwischenzeit die Rosmarinblätter abzupfen, gründlich hacken und mit dem nativen Olivenöl extra mischen. In einem Zerkleinerer mixen oder in einem Mörser zerreiben.
- Den Knoblauch aus den Schalen drücken, mit dem Rosmarinöl und den restlichen Zutaten mit einem Stabmixer zu einer glatten Masse pürieren. Mit Salz und Pfeffer würzen.

Der Aufstrich ist großartig für Sandwiches und Burger geeignet. Er lässt sich aber auch als Dip für gebackenes Gemüse verwenden.

LAUCHPUFFER
MIT KREUZKÜMMEL UND CHILISCHOTE

Dank Yotam Ottolenghi habe ich verstanden, dass die besten aller Gemüsepuffer solche mit Lauch sind. Ihren einzigartigen Geschmack verdanken sie den erwärmenden, pikanten Gewürzen. Einen Winter lang habe ich sie sogar täglich gebraten – für mich selbst oder für einen meiner hungrigen Freunde.

ZUTATEN

3 Stangen	Lauch (nur der weiße Teil)
½	Chilischote mit Kernen
1 TL	Rohrzucker
1 TL	gemahlener Kreuzkümmel
¼ TL	gemahlener Zimt
1 Msp.	gemahlener Kardamom
mehrere EL	Öl
1 EL	gemahlene Leinsamen und 3 EL warmes Wasser
250 ml	Pflanzenmilch
1 EL	Essig
140 g	Weizenmehl
½ TL	Backpulver
½ TL	Natron
1 TL	Salz

ZUBEREITUNG

- Den Lauch längs halbieren, gründlich waschen, abtrocknen lassen und in feine halbe Ringe schneiden. Die Chilischote grob hacken. Das Öl in einer Bratpfanne oder in einer breiten Stielkasserolle erhitzen. Lauch, Chilischote, Zucker und Gewürze hinzugeben und bei minimaler Hitze 15 Minuten lang köcheln lassen, bis der Lauch weich und glasig geworden ist.
- Den Leinsamen mit Wasser aufgießen und für einige Minuten beiseitestellen. In einem größeren Behältnis Milch mit Essig vermischen. In einer großen Schüssel Mehl, Backpulver, Natron und Salz sehr gut durchmischen.
- Die aufgequollenen Leinsamen zur Essigmilch geben und mit einem Schneebesen mischen. Das Ganze den trockenen Zutaten hinzufügen und eine Weile mischen, bis ein dickflüssiger Teig entstanden ist. Den gekochten Lauch hinzugeben.
- Den Teig löffelweise in die Bratpfanne geben und die Lauchpuffer ohne Fett zwei bis drei Minuten auf jeder Seite rösten.

> Die Lauchpuffer schmecken gut mit Petersilienpesto (S. 112) oder mit Tahinasauce (S. 282). Sie schmecken sowohl heiß als auch kalt.

LAUCHCREMESUPPE
MIT VANILLE

Maciej Nowak selbst hat mir einmal im Speisewagen verraten, dass man Lauch mit Vanille verbinden kann. Für diese Information bin ich ihm sehr dankbar, weil ich dadurch die mir bis dahin unbekannte, raffinierte Seite des unterschätzten Lauchs entdeckte.*

ZUTATEN

4 Stangen Lauch (nur der weiße Teil)
2 Kartoffeln
½ Vanilleschote

1 L Gemüsebouillon (S. 276)
250 ml Pflanzenmilch

1 TL Hefeflocken
1 Prise Muskatnuss, frisch gerieben
Öl
Salz
schwarzer Pfeffer

Zum Servieren
1 Handvoll geröstete Mandelblättchen

ZUBEREITUNG

- Den Lauch putzen und in Ringe schneiden. Aus der Vanilleschote das Vanillemark herausschaben. Das Öl in einer Bratpfanne erhitzen. Den geschnittenen Lauch, das Vanillemark und die Vanilleschote hinzugeben und bei minimaler Hitze für 15 Minuten braten lassen.
- In der Zwischenzeit die Kartoffeln schälen und würfeln, zu dem weichen Lauch geben und fünf Minuten köcheln lassen. Die Gemüsebouillon und die Pflanzenmilch dazugießen und zugedeckt 30 Minuten kochen.
- Die Vanilleschote herausnehmen und die Suppe mit einem Stabmixer zu einer Creme pürieren. Mit Hefeflocken, geriebener Muskatnuss, Salz und Pfeffer würzen und mit Mandelblättchen servieren.

Aus der anderen Hälfte der Vanilleschote kannst du hausgemachten Vanillezucker zubereiten. Schabe das Vanillemark aus der Vanilleschote heraus, mische es mit 110 Gramm Zucker und verschließe die Mischung – zusammen mit der Vanilleschote – luftdicht in einem Schraubglas.

** Anm. d. Übers.: Maciej Nowak – kulinarischer Journalist und Juror in der polnischen Version der Fernsehshow „Top Chef"*

Blätter und Kräuter

MINZE
SALATE
SPINAT
RUCOLA
ROSMARIN
GEMÜSEGRÜN

KALTE SALATSUPPE

Die Idee für diese kalte Suppe verdanke ich meinem Besuch im „Wypas", einem veganen Restaurant in Posen. In dem kleinen, unscheinbaren Lokal arbeiten talentierte Küchenchefinnen, die mir diese kalte Suppe auf Basis einer hausgemachten veganen Dickmilch serviert haben. Und dazu waren sie so nett, mir zu verraten, wie man die Suppe zubereitet. Danke!

ZUTATEN

1 L Pflanzenmilch
60 ml Zitronensaft

½ reife Avocado
2–3 Handvoll beliebige Salatblätter, grob in Streifen geschnitten
4 EL frischer Dill, fein gehackt
4 EL frischer Schnittlauch, fein gehackt
Salz
schwarzer Pfeffer

Zum Servieren
1 Handvoll geröstete Mandelblättchen
1 Handvoll Granatapfelkerne

ZUBEREITUNG

- Die Pflanzenmilch mit Zitronensaft vermischen, in eine Glasflasche umfüllen und an einem warmen Ort 30–60 Minuten stehen lassen (abhängig von der Temperatur braucht die Pflanzenmilch mehr oder weniger Zeit, um dick zu werden).
- Die Dickmilch in einen Standmixer geben, Avocado hinzufügen und mixen. Der Flüssigkeit die Salatblätter und Kräuter hinzufügen, mit Salz und Pfeffer würzen. Servieren mit Mandelblättchen und Granatapfelkernen.

> Bereite diese Suppe am besten vor, wenn in deinem Kühlschrank nicht mehr ganz frische Salatblätter herumliegen. Da es keine Rolle spielt, ob sie noch knackig sind, ist dies eine gute Art, sie zu verbrauchen.

SPINATSALAT
MIT ERDBEERPULVER

Die Verbindung von Erdbeeren und Spinat wurde ab einem gewissen Zeitpunkt von der Allgemeinheit als genauso raffiniert anerkannt wie die aus Filmen wie „Pretty Woman" bekannten Erdbeeren in Champagner. Und wenn die Erdbeeren in Form eines rubinroten Pulvers erscheinen würden …?

ZUTATEN

250 g Erdbeeren

2 Handvoll Spinatblätter
1 Handvoll Rucolablätter
1 Handvoll junge Blätter der Roten Bete

40 g Mandeln
1 EL Rohrzucker

Sauce
4 EL Olivenöl
2 EL Zitronensaft
1 EL Dattelsirup
1 Prise Salz
1 Prise schwarzer Pfeffer

ZUBEREITUNG

- Die Stiele aus den Erdbeeren entfernen, Erdbeeren waschen und gründlich abtrocknen. Anschließend in drei bis fünf Millimeter breite Scheiben schneiden und in einem Dörrgerät sechs bis zwölf Stunden lang trocknen.
- Spinat, Rucola und die jungen Blätter der Roten Bete waschen, abtrocknen und in eine Salatschüssel legen. Mandeln halbieren und kurz in der vorgeheizten Bratpfanne ohne Fett rösten. Zucker dazugeben und, wenn er geschmolzen ist, mit den Mandeln mischen, sodass sie damit überzogen sind. Auf einen Teller legen und beiseitestellen.
- Getrocknete Erdbeeren in einer Kaffeemühle oder im Zerkleinerer zu Pulver mahlen. In einer Tasse alle Zutaten der Sauce verrühren und über die grünen Blätter in der Salatschüssel gießen. Zuletzt mit den Mandeln und dem Erdbeerpulver bestreuen.

Falls du kein Dörrgerät besitzt, ist es empfehlenswert, darüber nachzudenken, eines zu kaufen (es ist nicht teuer). Damit gelingt es dir, Pulver aus verschiedenen Gemüse- und Obstsorten für Desserts und Salate zuzubereiten. Beispielrezepte findest du auf den Seiten 275–276. Natürlich kannst du darin auch saisonales Obst für selbst gemachtes Müsli oder Cocktailtomaten oder Pilze trocknen – im Winter kommt das wie gerufen.

LIMONADE
MIT SPINAT UND PETERSILIE

Sie ist erfrischend, löscht Durst und hat eine wunderschöne Farbe. Eine große Menge Zitronen und etwas Minze verleihen ihr einen frischen Zitrusgeschmack. Und sie riecht gar nicht nach Petersilie, die man mit Hühnerbrühe assoziiert.

ZUTATEN

50 g gehackte frische Spinatblätter
50 g gehackte frische Petersilie (1 Bund)
2 EL gehackte frische Minzblätter
60–85 ml Zitronensaft
2 EL Agavendicksaft
abgeriebene Schale von ½ Zitrone

250–500 ml kaltes Wasser

Zum Servieren
1 Handvoll Eiswürfel

ZUBEREITUNG

- Alle Zutaten in einen Standmixer geben und bei hoher Geschwindigkeit mixen. Mit Wasser aufgießen und wiederholt mixen.
- In einen Krug mit Eiswürfeln umfüllen.

> Dieser Limonade lassen sich auch einige Grünkohlblätter beifügen. In diesem Fall verwende frischen Apfel- oder Orangensaft statt Wasser.

BRUSCHETTA
MIT PFIRSICHEN UND RUCOLABLÄTTERN

Anstatt die Rucolablätter wieder einmal mit Tomaten zu verbinden, versuche das bittere, wilde Kraut mal mit süßen, gebackenen Pfirsichen auf knusprigen Toasts zu kombinieren. Mamma mia!

ZUTATEN

4	Pfirsiche
4 Handvoll	Rucolablätter
1	leckeres Baguette
	natives Olivenöl extra
	Aceto balsamico
	Salz
	schwarzer Pfeffer

ZUBEREITUNG

- Eine Grillpfanne erhitzen. Die Pfirsiche vierteln, in die Bratpfanne legen und zwei bis drei Minuten lang von jeder Seite grillen. Das Baguette in Scheiben schneiden und in der gleichen Bratpfanne für ein bis zwei Minuten von jeder Seite rösten.
- Das geröstete Brot mit nativem Olivenöl extra beträufeln. Auf jede Scheibe eine kleine Handvoll Rucolablätter und ein bis zwei gegrillte Pfirsichviertel legen. Noch einmal mit nativem Olivenöl extra beträufeln, mit Salz und Pfeffer bestreuen und mit einigen Tropfen Aceto balsamico beträufeln.

Falls du keine Grillpfanne besitzt, heize den Backofen auf 200 °C vor und backe die Pfirsiche und das Baguette zehn bis zwölf Minuten.

RUCOLA-PFLAUMEN-SALAT
MIT ZIMTCROÛTONS

Ähnlich wie Pfirsiche passen Pflaumen hervorragend zu den bitteren Rucolablättern. Sie betonen deren Geschmack und verleihen dem Salat eine wunderbare Süße.

ZUTATEN

Zimtcroûtons

2 Scheiben Roggenbrot
2 EL Öl
1 TL gemahlener Zimt
½ TL Kümmelsamen
¼ TL frisch gemahlener schwarzer Pfeffer

2 Handvoll Rucolablätter
1 Handvoll gemischte Salatblätter
10 reife Pflaumen
4 EL geröstete Mandelblättchen
schwarzer Pfeffer

Sauce

3 EL Olivenöl
1 EL Aceto balsamico
1 TL Agavendicksaft
Salz
schwarzer Pfeffer

Zum Servieren

Zimtcroûtons
reichlich Pfeffer

ZUBEREITUNG

- Den Brotrand abschneiden, das Brot würfeln und in eine Salatschüssel legen. Öl mit gemahlenem Zimt, Kümmel und Pfeffer in einer Tasse mischen, mit der Mischung das Brot übergießen und gründlich mischen. Eine Bratpfanne erhitzen und die Brotwürfel darin bei starker Hitze zwei bis vier Minuten lang rösten, bis sie goldbraun und knusprig geworden sind. Anschließend auf einen mit Küchenkrepp bedeckten Teller legen und das überschüssige Fett abtropfen lassen.
- Rucola und Salat in eine große Schüssel geben. Pflaumen entkernen, vierteln und zu den Salatblättern geben. Mandelblätter hinzufügen.
- In einer Tasse alle Saucenzutaten mischen, den Salat damit übergießen und gründlich, aber gleichzeitig vorsichtig durchmischen. Mit Zimtcroûtons und viel Pfeffer bestreut servieren.

> Anstatt mit Zimtcroûtons kannst du den Salat mit dem mit einer Zimtstange gekochten Quinoa servieren.

TABOULÉ

Dieser seltsame Name bezeichnet einen der beliebtesten Salate im Nahen Osten. In jedem Land dieser Region bereitet man den Salat ein wenig anders zu, aber die Basis sind immer Bulgur und eine große Menge sehr fein gehackter Petersilie und Minze. Je größer die Menge und je feiner geschnitten, desto besser!

ZUTATEN

90 g Bulgur
250 ml Wasser
1 Prise Salz

4 Bund frische Petersilie (200 g)
2 Töpfe Minze (100 g)

4 Tomaten
2 Gartengurken oder 1 Salatgurke
½ rote Zwiebel
60–85 ml natives Olivenöl extra
60 ml Zitronensaft
1 Msp. gemahlener Kreuzkümmel
1 Msp. gemahlener Ingwer
1 Msp. gemahlener Zimt
1 Msp. schwarzer Pfeffer
Salz

ZUBEREITUNG

- Bulgur mit Wasser übergießen, Salz hinzugeben und bei schwacher Hitze sechs bis acht Minuten lang kochen lassen, bis der Bulgur die gesamte Flüssigkeit aufgenommen hat.
- In der Zwischenzeit die Kräuter gründlich waschen, abtrocknen und die Blätter von den Stängeln trennen. Die Blätter auf ein Schneidbrett legen und sehr, sehr fein hacken. Genauso fein auch die Stängel schneiden.
- Tomaten abbrühen, häuten und den Strunk herausschneiden. Gurken schälen und entkernen. Beide Gemüsesorten in fünf Millimeter große Würfeln schneiden. Die Zwiebel fein hacken.
- Den gekochten Bulgur in eine Schüssel geben, Gemüse, Kräuter und die restlichen Zutaten dazugeben und gründlich mischen. Als Beilage zu Falafel (S. 217) oder Baba Ghanoush (S. 153) mit Hummus (S. 213).

Anstelle von Bulgur lassen sich auch Quinoa oder Hirse verwenden. Versuche aber nicht, dir die Arbeit einfach zu machen und die Kräuter vom Standmixer hacken zu lassen. Nur durch das Schneiden der Kräuter per Hand wird das ganze Aroma aus ihnen herausgeholt, und das ist der Grund, warum der Salat so gut schmeckt.

MAROKKANISCHER TEE

Tee aufzubrühen und zu trinken, ist in Marokko ein wahres Ritual. Es wird hauptsächlich von Männern kultiviert, die den süßen Minzaufguss nippend, ihre Tage in den Straßencafés verbringen. Versuche doch mal, den Tee bei sommerlichen Temperaturen zu genießen, um dich davon zu überzeugen, wie herrlich erfrischend er wirkt. Und wenn du den Tee für gewöhnlich nicht süßt, mache diesmal eine Ausnahme!

ZUTATEN

1 EL grüner Tee
1 Topf Marokkanischer Minze (50 g)
1 L Wasser
½–2 TL weißer Zucker

ZUBEREITUNG

- Das Wasser aufkochen. Den Tee in das Sieb einer Teekanne geben und mit 250 Millilitern kochendem Wasser aufgießen. Das Wasser in der Teekanne mit intensiven Bewegungen so mischen, dass der Tee aufgebrüht ist. Den Sud, die sogenannte Teeseele, in eine Tasse umfüllen und beiseitestellen.
- In die Teekanne 250 Milliliter heißes Wasser gießen, umrühren und abgießen, um die Teeblätter loszuwerden, die aus dem Sieb in die Teekanne gelangt sind und um den Geschmack der im Sieb befindlichen Teeblätter abzuschwächen.
- Minze und Zucker in das Sieb geben. Mit 500 Millilitern heißem Wasser aufgießen, die Teekanne auf den Herd stellen und wiederholt aufkochen. Hat der Aufguss angefangen zu blubbern, vom Herd nehmen, die Teeseele hinzugeben und vorsichtig umrühren.
- Den Tee in kleine Teegläser aus einer hoch gehaltenen Teekanne gießen, sodass auf der Teeoberfläche Schaum entsteht. Am Ende einer Mahlzeit servieren.

Den Marokkanischen Tee brüht man in der Regel in speziellen, silbernen Teekannen auf – sie sind mit einem Sieb ausgestattet, das die meisten Teeblätter zurückhält, und man kann sie sicher auf den Herd stellen. Ein für den Herd geeigneter einfacher Wasserkessel mit einem Sieb erfüllt den gleichen Zweck. Falls du jedoch keinen besitzt, benutze ein beliebiges Kännchen oder einen Krug, seihe den Inhalt der ersten Tassen Wasser durch ein Sieb und gieße am Ende 500 Milliliter kochendes Wasser ein.

ROSMARINTEE

Wer sagt, dass Kräutertees ausschließlich aus getrockneten Kräutern zubereitet werden müssten? Tees aus frischen Kräutern schmecken interessanter und haben ein reineres Aroma. Und wenn man ihnen noch einige duftende und leckere Zutaten beifügt …

ZUTATEN

2 lange frische Rosmarinzweige
4 Körner roter Pfeffer
2 Kardamomschoten
½ TL Koriandersamen
1 TL Agavendicksaft

½ L heißes Wasser

ZUBEREITUNG

- Alle Zutaten in eine Teekanne geben. Mit Wasser aufgießen und drei Minuten lang ziehen lassen. In Tassen gießen und heiß genießen.

Ähnliche Tees kannst du aus verschiedenen Kräutern und Lieblingszutaten zubereiten. Probiere z. B. Salbei mit Zitrone, Thymian mit Sanddorn oder Melisse mit getrockneten Äpfeln.

SELBST GEMACHTES PESTO

Liebhaber der italienischen Küche lassen den Gedanken nicht zu, dass „Pesto" etwas anderes als Basilikumsauce mit lange gereiftem Käse und Pinienkernen bedeuten könnte. Man kann Pesto aber auf Tausend verschiedene Weisen zubereiten: mit dem Grün verschiedener Gemüsesorten, Kräutern und passend ausgewählten Nüssen, Kernen und Hefeflocken, die ihm den salzigen Geschmack verleihen. Neben Petersilie oder Dill sind Karottengrün, Radieschengrün oder Kohlrabiblätter – die für gewöhnlich weggeworfen werden – für Pesto wunderbar geeignet.

PESTO AUS KAROTTENGRÜN

ZUTATEN

1 Bund	Karottengrün, grob gehackt (circa 100 g)
70 g	geröstete Cashewkerne
2–3 EL	Hefeflocken
2	Knoblauchzehen
60 ml	natives Olivenöl extra oder ein anderes kalt gepresstes Öl
	Salz
	schwarzer Pfeffer

ZUBEREITUNG

- Alle Zutaten außer Öl im Zerkleinerer mixen oder in einem Mörser zu einer klumpigen Paste zerreiben.
- Öl dazugießen und mixen oder zu Pesto reiben. Mit Salz und Pfeffer würzen und in kleine Schraubgläser abfüllen. Schmeckt gut mit Vollkornpasta, gebackenem Kürbis und Süßkartoffeln.

PESTO AUS RADIESCHENGRÜN

ZUTATEN

2 Bund	Radieschengrün, grob gehackt (circa 100 g)
80 g	geröstete Kürbiskerne
2–3 EL	Hefeflocken
2	Knoblauchzehen
60 ml	natives Olivenöl extra oder ein anderes kalt gepresstes Öl
	Salz
	schwarzer Pfeffer

ZUBEREITUNG

- Alle Zutaten außer Öl im Zerkleinerer mixen oder in einem Mörser zu einer klumpigen Paste zerreiben.
- Öl dazugießen und mixen oder zu Pesto reiben. Mit Salz und Pfeffer würzen und in kleine Schraubgläser abfüllen. Schmeckt gut mit getrockneten Tomaten, gebratenem Tofu oder gebackenen Karotten.

PESTO AUS PETERSILIE

ZUTATEN

2–3 Bund Petersilie mit Stängel, grob gehackt (circa 100 g)
80 g geröstete Kürbiskerne
2–3 EL Hefeflocken
2 Knoblauchzehen
½ TL abgeriebene Zitronenschale
60 ml natives Olivenöl extra oder ein anderes kalt gepresstes Öl
Salz
schwarzer Pfeffer

ZUBEREITUNG

- Alle Zutaten außer Öl im Zerkleinerer mixen oder in einem Mörser zu einer klumpigen Paste zerreiben.
- Öl dazugießen und mixen oder zu Pesto reiben. Mit Salz und Pfeffer würzen und in kleine Schraubgläser abfüllen. Schmeckt gut mit Zucchini, getrockneten Tomaten und auf Croûtons.

PESTO AUS DILL

ZUTATEN

100 g frischer Dill mit Stängel, grob gehackt
70 g geröstete Haselnüsse
2–3 EL Hefeflocken
2 Knoblauchzehen
1 TL geriebener Meerrettich
60 ml natives Olivenöl extra oder ein anderes kalt gepresstes Öl
Salz
schwarzer Pfeffer

ZUBEREITUNG

- Alle Zutaten außer Öl im Zerkleinerer mixen oder in einem Mörser zu einer klumpigen Paste zerreiben.
- Öl dazugießen und mixen oder zu Pesto reiben. Mit Salz und Pfeffer würzen und in kleine Schraubgläser abfüllen. Schmeckt gut mit Buchweizengrütze, gebackener Roter Bete und mit Kohlrabi.

PESTO AUS RUCOLA

ZUTATEN

circa 100 g	Rucolablätter, grob gehackt
8 EL	geröstete Mandelblättchen (circa 35 g)
2–3 EL	Hefeflocken
1	Knoblauchzehe
60 ml	natives Olivenöl extra oder ein anderes kalt gepresstes Öl
	Salz
	schwarzer Pfeffer

ZUBEREITUNG

- Alle Zutaten außer Öl im Zerkleinerer mixen oder in einem Mörser zu einer klumpigen Paste zerreiben.
- Öl dazugießen und mixen oder zu Pesto reiben. Mit Salz und Pfeffer würzen und in kleine Schraubgläser abfüllen. Schmeckt gut mit getrockneten Tomaten, schwarzen Oliven und Tomatencreme.

Zwei Dinge sind besonders wichtig für selbst gemachtes Pesto. Wenn du die Nüsse oder Körner selbst röstest, lass sie richtig auskühlen. Mixe oder reibe das Pesto nicht zu lange und nicht auf einmal. Mixe es mehrmals nur einen Moment lang (in den Pausen kratze das Pesto von den Gefäßwänden ab und verbinde es mit dem Rest). Sonst werden sich die Nüsse oder Kerne in Creme verwandeln, alle Zutaten werden sich erwärmen, und das Pesto verliert sein Aroma. Mach dir wegen der Klumpen keine Gedanken – sobald du Öl hinzufügst, lösen sie sich auf.

GRÜNER ZUCCHINO

GELBER ZUCCHINO

SPAGHETTIKÜRBIS

Kürbis

HOKKAIDOKÜRBIS

MOSCHUSKÜRBIS

GARTENKÜRBIS

KÜRBISKUCHEN
MIT DATTELCREME

Kürbiskuchen gehören zu meinen Lieblingskuchen. Sie sind zart, süß und feucht. Und obendrein braucht man zum Backen weder Eier noch andere Bindemittel – die Funktion des Bindens übernimmt hervorragend der gute, alte Kürbis selbst.

ZUTATEN

110 g Weizenvollkornmehl
80 g Weizenmehl
170 g brauner Zucker
1 TL Natron
¼ TL Backpulver
½ TL gemahlener Zimt
¼ TL gemahlener Ingwer
¼ TL geriebene Muskatnuss
1 Prise Salz
250 ml Kürbispüree (S. 281)
125 ml mildes Öl
85 ml Pflanzenmilch

Dattelcreme
60 g Datteln
3–4 EL Pflanzenmilch
3 EL Kakaopulver
1 Prise Salz

ZUBEREITUNG

- Alle trockenen Zutaten in einer großen Schüssel mischen und alle feuchten Zutaten in einer kleinen.
- Den Backofen auf 175 °C vorheizen. Die feuchten Zutaten zu den trockenen geben und gründlich mischen. Den Teig in eine mit Backpapier ausgelegte Kastenbackform geben und 45–60 Minuten lang backen, bis das in die dickste Stelle des Kuchens gestochene Holzstäbchen beim Herausziehen sauber ist.
- In der Zwischenzeit die Datteln im Wasser für 15–30 Minuten einweichen, anschließend abseihen, die restlichen Zutaten der Creme hinzugeben und mit dem Stabmixer zu einer glatten Masse pürieren.
- Den gebackenen Kuchen abkühlen lassen, dann aus der Form herausnehmen und mit der Creme dick bestreichen.

> Anstatt mit Kakaopulver kannst du die Datteln auch mit gemahlenem Zimt oder Lebkuchengewürz zubereiten und die Creme als einen süßen Aufstrich für Brot benutzen. Im Kühlschrank lässt sie sich sogar mehrere Monate lang aufbewahren.

KÜRBISPLINSEN

Was hält vegane Plinsen zusammen? Am häufigsten verwendet man dazu Haferflocken, gemahlene Leinsamen oder Kichererbsenmehl. All das ist aber nichts im Vergleich zu Kürbispüree. Dank des Pürees werden die Plinsen fast so dünn und zart wie die berühmten französischen Crêpes.

ZUTATEN

110 g	Weizenmehl oder Dinkelmehl
125 ml	Kürbispüree (S. 281)
½ TL	Vanillepaste oder Vanilleextrakt
1 EL	Kokosöl oder anderes Öl
125–250 ml	Pflanzenmilch
1 Prise	Salz
	Öl

ZUBEREITUNG

- In einer Schüssel Kürbispüree, Vanillepaste, Kokosöl und die Hälfte der Milch gründlich mischen. Mehl langsam hinzufügen, die ganze Zeit rührend. Den dickflüssigen Teig für 30 Minuten in den Kühlschrank stellen.
- Dem gekühlten Teig graduell die restliche Milch zugeben, bis die gewünschte Konsistenz des Plinsenteigs erreicht wurde.
- Die Bratpfanne leicht mit Öl bestreichen und sehr heiß werden lassen. Den Teig in die Bratpfanne gießen und die Plinsen auf beiden Seiten braten. Mit der Lieblingsmarmelade, etwas Ahornsirup oder der selbst gemachten Haselnusscreme (S. 261) heiß essen.

Diese Plinsen schmecken auch hervorragend mit einer großzügigen Prise gemahlenem Zimt oder in der herzhaften Version mit geräuchertem Paprika- und Chilipulver. Wenn du magst, fülle sie dann mit Spinat, Austernpilzen oder einer zusätzlichen Portion Kürbispüree.

ZIMTKRANZ

Süße Zimtbrötchen sind eine berühmte Backware aus Schweden. Den weit schöneren, traditionell in Estland gebackenen Zimtkranz kennt dafür kaum jemand. Es ist wahr: Seine Vorbereitung ist viel schwieriger, aber wenn du genau arbeitest und geduldig bist, ist der Erfolg garantiert!

ZUTATEN

Hefeansatz

20 g frische Hefe
3 EL warmes Wasser
1 TL Weizenmehl
1 TL Rohrzucker

Teig

140 g Weizenvollkornmehl
110 g Weizenmehl
60 ml Kürbispüree (S. 281)
3 EL Rohrzucker
3 EL warmes Kokosöl
1 Prise Salz

Dattelpaste

120 g Datteln
85 ml Pflanzenmilch
1 TL gemahlener Zimt
¼ TL gemahlener Kardamom
1 Prise Salz

70 g Haselnüsse, fein gehackt
3–5 EL Ahornsirup

ZUBEREITUNG

- Hefe in lauwarmem Wasser auflösen, mit Mehl und Zucker mischen und für zehn Minuten beiseitestellen. Datteln in warmem Wasser einweichen und ebenso beiseitestellen.
- Alle Teigzutaten in eine große Schüssel geben, den Hefeansatz hinzufügen und fünf bis acht Minuten lang kneten, bis der Teig kompakt und geschmeidig geworden ist. Aus dem fertigen Teig eine Kugel formen, in eine leicht mit Öl bestrichene Schüssel legen und für zwei Stunden an einem warmen Ort aufgehen lassen.
- In der Zwischenzeit die Datteln abseihen, die restlichen Zutaten der Dattelpaste hinzufügen und in einem Standmixer pürieren.
- Den Hefeteig zu einem fünf Millimeter dicken Rechteck ausrollen, mit der Dattelpaste bestreichen und mit Haselnüssen bestreuen. Anschließend entlang der langen Seite einrollen und auf ein großes, mit Backpapier ausgelegtes Backblech legen.
- Die Rolle längs so halbieren, dass die Enden (ca. fünf Zentimeter lang) ganz bleiben (so wird es einfacher, den Teig zu flechten). Eine über die andere Hälfte flechten, die Enden zusammenkleben und einen Kranz formen. Mit einem Geschirrtuch zudecken und an einem warmen Ort für eineinhalb Stunden gehen lassen.
- Den Backofen auf 190 °C vorheizen. Den Zimtkranz 30 Minuten lang backen. Aus dem Backofen herausnehmen und noch heiß mit Ahornsirup bestreichen.

> Dieses Rezept eignet sich auch, um Zimtbrötchen zu backen. Alles wird genauso zubereitet, bis zum Rollen des Teiges zu einer Rolle. Diese kannst du dann in Scheiben schneiden, auf ein mit Backpapier ausgelegtes Backblech legen, eine Stunde gehen lassen und danach 15–20 Minuten backen.

CANNELLONI
MIT KÜRBIS

Cannelloni zuzubereiten, nimmt etwas Zeit in Anspruch, ist aber gar nicht so schwierig, wie es scheint. Es reichen ein wenig Geduld und ein Tütchen mit einer abgeschnittenen Ecke, um die Cannelloni zu befüllen – und ein Abendessen für zwei Tage ist fertig.

ZUTATEN

1 Packung Cannelloni (250 g)

Kürbisfüllung

½ Zwiebel
8 getrocknete Tomaten in Öl
20 Salbeiblätter
750 ml Kürbispüree (S. 281)
200 g gekochte Hirse (100 g ungekochte Hirse)
1 EL Hefeflocken
1 Msp. gemahlener Zimt
2–3 EL Öl, mit dem die getrockneten Tomaten konserviert wurden
Salz
schwarzer Pfeffer

Sauce

2 Dosen Tomaten (jeweils 400 ml)
½ entkernte Chilischote
2 Knoblauchzehen
1 EL Oliven-Bratöl
einige Salbeiblätter
Salz
schwarzer Pfeffer
Oliven-Bratöl

ZUBEREITUNG

- Zwiebel und getrocknete Tomaten würfeln. In einem Topf Öl erhitzen, Salbei hinzugeben und zwei Minuten braten. Den Salbei herausnehmen, Zwiebel und getrocknete Tomaten hineingeben und bei schwacher Hitze drei bis fünf Minuten braten. Kürbispüree hinzufügen und alles gründlich mischen. Mit Hefeflocken, gemahlenem Zimt, Salz und Pfeffer würzen und weitere fünf bis zehn Minuten braten. Vom Herd nehmen, Hirse hinzugeben und grob mit dem Stabmixer mischen.
- Den Backofen auf 200 °C vorheizen. Knoblauch und Chilischote klein hacken. In einem Topf Olivenöl erhitzen, Knoblauch und Chilischote hineingeben und eine Minute lang braten. Anschließend Dosentomaten, Salz und Pfeffer hinzufügen und bei schwacher Hitze zehn Minuten garen.
- Den Boden einer Auflaufform mit einigen Esslöffeln Tomatensauce bedecken. Einen Spritzbeutel zu ¾ mit der Kürbisfüllung befüllen. Der Durchmesser der Spritztülle sollte ein wenig kleiner als der Durchschnitt der Cannelloni sein.
- Mit dem Spritzbeutel die Cannelloni mit der Kürbisfüllung füllen, in die Auflaufform legen und mit der restlichen Sauce übergießen. Obendrauf die zusätzlich mit Olivenöl beträufelten Salbeiblätter legen. 30–40 Minuten backen und heiß servieren.

Die gleiche Füllung kannst du auch zu Lasagne oder Conchiglioni verwenden.

DIE EINFACHSTE PASTA
MIT KÜRBIS

Das ist ein Rezept für alle, die wenig Zeit haben, denn das Pastagericht lässt sich neben der Arbeit zubereiten. Man soll: den Backofen vorheizen, zur Arbeit zurückkehren, den Kürbis in den Backofen legen, zur Arbeit zurückkehren, das Wasser aufkochen und die Pasta ins Wasser geben, zur Arbeit zurückkehren, die Pasta abseihen, das Kürbisfruchtfleisch pürieren, beides miteinander vermischen – und essen … und dann zur Arbeit zurückkehren.

ZUTATEN

400 g Lieblingspasta

½ Moschuskürbis (700 g)
2 große Tomaten
1 rote Paprikaschote
4 Knoblauchzehen
5 cm entkernte Chilischote
2 EL Oliventresteröl
½ TL frischer Thymian
½ TL frischer Oregano
Salz
schwarzer Pfeffer

Zum Servieren
1 EL Hefeflocken

ZUBEREITUNG

- Den Backofen auf 200 °C vorheizen. Auf einem mit Backpapier ausgelegten Backblech Kürbis, Tomaten, halbierte und entkernte Paprikaschote und Knoblauch in Schalen legen, leicht mit Oliventresteröl bestreichen und 25–30 Minuten backen.
- In der Zwischenzeit die Pasta den Hinweisen auf der Verpackung folgend kochen. Abseihen und mit kaltem Wasser gründlich abschrecken.
- Nach dem Backen den Kürbis entkernen, das Kürbisfruchtfleisch aus der Kürbisschale heraustrennen, die Tomatenstrünke entfernen und Knoblauch aus den Schalen pressen. Das Gemüse in einen Standmixer geben, Chilischote, Kräuter, Salz und Pfeffer hinzufügen und zu einer klumpigen Sauce mixen.
- Die Sauce in einen Topf geben und aufkochen. Die Pasta hinzufügen und einen Moment mischen, sodass sie komplett mit Sauce bedeckt ist. Mit Hefeflocken bestreut servieren.

> Um die Sauce aufzukochen, lässt sich der Pastakochtopf verwenden – warum solltest du noch mehr Küchengeschirr schmutzig machen? Du hast doch keine Zeit zum Abwaschen – Arbeit wartet!

KÜRBISCREMESUPPE
MIT KÜRBISKERNÖL

Es gibt Dutzende Kürbissorten: große und kleine, dunkelgrüne und hellorange, mit dicker Schale oder mit dünner Haut. Für Suppen eignen sich am besten Kürbissorten mit dunkelorangenem Fruchtfleisch und nicht allzu dicker Schale, weil sie am schnellsten gebacken sind und ihr Geschmack am intensivsten ist.

ZUTATEN

1 kg	Moschuskürbis
1	Fenchel
1	Antonowka-Apfel oder eine andere saure Apfelsorte
1 EL	Öl
1 L	Gemüsebouillon (S. 276)
1 TL	geräuchertes Paprikapulver
¼ TL	Chilipulver
¼ TL	gemahlener Zimt

Zum Servieren

einige EL	kalt gepresstes Kürbiskernöl
1 Handvoll	geröstete Kürbiskerne

ZUBEREITUNG

- Den Backofen auf 220 °C vorheizen. Kürbisse und Fenchel halbieren, auf ein mit Backpapier ausgelegtes Backblech legen und leicht mit Öl bestreichen, den Apfel dazulegen und 40–45 Minuten lang backen, bis der Kürbis sehr weich geworden ist (ist er immer noch ein bisschen fest, während das restliche Gemüse anzubrennen beginnt, nimmt man den Fenchel und Apfel aus dem Backofen und lässt den Kürbis noch backen, bis er weich geworden ist).
- Nach dem Backen die Kürbiskerne entfernen, das Fruchtfleisch von der Schale trennen, den Fenchel in kleinere Stücke schneiden, den Apfel halbieren und entkernen.
- Gemüse und Apfel in den Topf geben, Brühe und Gewürze hinzufügen und mit einem Stabmixer zu einer glatten Cremesuppe pürieren. Mit Kürbiskernöl beträufelt und mit Kürbiskernen bestreut servieren.

> Den Moschuskürbis kannst du auch durch einen Hokkaidokürbis ersetzen, der nicht geschält werden muss. Es reicht, ihn zu backen, zu entkernen – und fertig!

GEFÜLLTE ZUCCHINI

Gefülltes Gemüse war viele Jahre lang mein Albtraum: fast rohe Paprikaschoten mit getrocknetem Reis, knochentrockene Auberginen mit farblosem Couscous oder – das Schlimmste – fade Zucchini mit harter Gemüsefüllung. Und doch reicht es, die Zucchini lange genug zu backen – dann duften sie, sind saftig und voller Geschmack.

ZUTATEN

4	runde Zucchini
2	rote Paprikaschoten
1	Aubergine
1	rote Zwiebel
	Olivenöl
1 Dose	geschnittene Tomaten (400 ml)
2	gehackte Knoblauchzehen
1 EL	Aceto balsamico
2 TL	frischer Thymian
½ TL	getrockneter Oregano
½ TL	scharfes Paprikapulver
½ TL	süßes Paprikapulver
½ TL	geräuchertes Paprikapulver
½ TL	Rohrzucker
einige EL	Olivenöl
	Salz
	schwarzer Pfeffer

ZUBEREITUNG

- Den Backofen auf 200 °C vorheizen. Die Paprikaschoten halbieren und entkernen, die Aubergine halbieren, die Zwiebel vierteln und von den Zucchini Deckel abschneiden.
- Das Gemüse auf ein mit Backpapier ausgelegtes Backblech legen. Beide Teile der Zucchini vorsichtig mit Olivenöl einfetten, den Rest der Gemüse mit Olivenöl beträufeln. 15 Minuten backen. Den Backofen anlassen.
- Das Gemüse aus dem Backofen nehmen und eine Weile abkühlen lassen. Paprikaschoten und Zwiebeln schälen und in dünne Streifen schneiden, die Auberginen grob würfeln.
- Öl in einem Topf erhitzen. Knoblauch dazugeben und 30 Sekunden lang anbraten. Das gebackene Gemüse (außer Zucchini) und Gewürze hinzufügen. Gründlich mischen. Dosentomaten, Aceto balsamico, Zucker und eine Prise Salz dazugeben und 15 Minuten lang schmoren.
- In der Zwischenzeit das Fruchtfleisch und die Kerne aus den gebackenen Zucchini entfernen. Das Gemüse im Topf mit Salz und Pfeffer würzen und dann die Zucchini damit füllen und jeweils mit dem abgeschnittenen Deckel schließen. Auf ein mit Backpapier ausgelegtes Backblech legen und 15 Minuten backen.

So zubereitet, sind diese Zucchini eine leichte Mahlzeit. Wenn du sie aber mit Quinoa oder Focaccia servierst, wird daraus ein sättigendes Mittagessen. Anstelle von vier runden Zucchini lassen sich auch zwei gewöhnliche verwenden. Halbiere sie einfach längs.

ZUCCHINI-SPAGHETTI

Um diese Spaghetti zuzubereiten, braucht man einen Julienne-Schäler. Er ist für wenig Geld in gut sortierten Haushaltswarenläden oder im Internet erhältlich.

ZUTATEN

2 kleine Zucchini

Pesto aus getrockneten Tomaten

75 g getrocknete Tomaten
40 g geröstete Kürbiskerne
½ TL Ahornsirup oder Agavendicksaft
2–3 EL natives Olivenöl extra
1 Msp. Chilipulver
Salz
schwarzer Pfeffer

Zum Servieren

1 Handvoll Cocktailtomaten
Mandelparmesan (S. 279)
Olivenöl
schwarzer Pfeffer

ZUBEREITUNG

- Eine große Schüssel mit kaltem Salzwasser vorbereiten. Mit einem Julienne-Schäler die Zucchini längs schneiden, bis man die Samen erreicht hat. Die Zucchinistreifen in die Schüssel mit dem Salzwasser geben und in den Kühlschrank stellen.
- Alle Zutaten für das Pesto aus getrockneten Tomaten in einem Zerkleinerer mixen oder in einem Mörser zu einer klumpigen Paste zerreiben. Das native Olivenöl extra hinzufügen und zu Pesto verrühren. Mit Salz und Pfeffer würzen.
- Die gekühlten Zucchinistreifen abseihen, das Pesto dazugeben und gut vermischen. Mit Cocktailtomaten und Mandelparmesan bestreut servieren. Zusätzlich kann man das Gericht mit Olivenöl beträufeln und mit mehr Pfeffer bestreuen.

Diese Spaghetti lassen sich auch mit anderen selbst gemachten Pestos servieren (S. 111).

ZITRONIGE ZUCCHINIPUFFER

Im Sommer kannst du anstelle von Kartoffelpuffer auch Zucchinipuffer zubereiten. Sie sind leichter verdaulich, zarter im Geschmack, und sie brauchen überhaupt keine besonderen Extras. Dies ist ein schnelles Gericht, genau richtig für warme Tage.

ZUTATEN

1 Zucchino
4 EL Kichererbsenmehl
1 EL frische Petersilie, fein gehackt
2 getrocknete Tomaten, fein gehackt
1 TL Kapern
geriebene Schale von ½ Zitrone
Salz
schwarzer Pfeffer
Öl

Zum Servieren

Tomatensauce
gehackte frische Petersilie

ZUBEREITUNG

- Zucchino grob raspeln. Die restlichen Zutaten hinzufügen und gründlich mischen.
- Das Öl in einer Bratpfanne erhitzen. Den Teig löffelweise in die Bratpfanne geben und die Zucchinipuffer von jeder Seite goldbraun braten. Mit Tomatensauce und Petersilie oder als Beilage zu einem Hauptgericht servieren.

Wenn du Lust hast, füge dem geraspelten Zucchino ein paar geriebene Karotten, Kohlrabi oder Petersilienwurzel hinzu. Kapern und Zitronenschalen kannst du einfach weggelassen – schmecke die Pfannkuchen dann großzügiger mit Salz und Pfeffer ab.

ZITRONIGE ZUCCHINISUPPE
MIT KURKUMA UND SCHWARZEN LINSEN

Als ich Teenager war, träumte ich von Nigella Lawsons Büchern, deren Karriere gerade begann und die mit Sexappeal einschüchterte. Als erstes Rezept der kulinarischen Göttin probierte ich die Glückssuppe – Zucchinisuppe mit Kurkuma.

ZUTATEN

110 g schwarze Linsen, 1 Stunde lang in heißem Wasser eingeweicht
500 ml Wasser

1 kg gelbe Zucchini
2 Knoblauchzehen
½ TL abgeriebene Zitronenschale
1 TL Kurkuma
¼ TL Chilipulver
250 ml Gemüsebouillon (S. 276)

1–2 EL Zitronensaft
einige EL Öl
Salz
schwarzer Pfeffer

Zum Servieren
gehackte frische Petersilie oder gehackter frischer Koriander

ZUBEREITUNG

- Die Linsen abseihen, mit Wasser übergießen und 20–30 Minuten garen, bis sie weich geworden sind.
- In der Zwischenzeit die Zucchini entlang der „Streifen“ schälen (wobei jeder zweite Streifen der Schale übrig bleibt) und in dicke Scheiben schneiden, den Knoblauch hacken. Das Öl in einem Topf erhitzen. Knoblauch, Kurkuma, Zitronenschale und Chilipulver hinzugeben und 30 Sekunden lang köcheln lassen. Die Zucchini dazugeben, gut vermischen und 15 Minuten köcheln lassen, dann mit der Gemüsebouillon aufgießen und fünf Minuten zugedeckt kochen lassen, bis die Zucchini sehr weich geworden sind.
- Zitronensaft hinzufügen, die Suppe mit einem Stabmixer pürieren und mit Salz und Pfeffer würzen. Gekochte Linsen salzen und abseihen. Einen Esslöffel Linsen in die Mitte jedes Suppentellers legen. Mit Petersilie oder gehacktem Koriander servieren.

Statt mit Linsen kannst du diese Suppe auch mit Quinoa oder Reis servieren.

Tomaten, Paprikaschoten und Aubergine

BUNTE PAPRIKASCHOTEN
ROTE PAPRIKASCHOTE
OCHSENHERZTOMATE
HIMBEERTOMATE
AUBERGINE
TOMATE

TOMATENSUPPE
MIT KOKOSMILCH UND REIS

Es wird behauptet, dass Menschen in zwei Kategorien eingeteilt werden könnten: diejenigen, die Tomatensuppe mit Reis mögen, und diejenigen, die es vorziehen, sie mit Nudeln zu essen. Ich gehöre zur zweiten Gruppe, es sei denn, es handelt sich um eine Tomatensuppe mit Kokosmilch.

ZUTATEN

100 g	Reis
250 ml	Wasser
1 Prise	Salz
1 kg	Tomaten
1	Zwiebel
1	Karotte
5 cm	lange entkernte Chilischote
1	Knoblauchzehe
3 EL	Öl
250–500 ml	Gemüsebouillon (S. 276)
1 kl. Dose	Kokosmilch (165 ml)
½ TL	brauner Zucker
	Salz
	schwarzer Pfeffer

Zum Servieren

gehackte frische Petersilie oder gehackter frischer Koriander

ZUBEREITUNG

- Reis in Salzwasser zugedeckt kochen, bis er die gesamte Flüssigkeit aufgenommen hat. Die Zwiebel würfeln, Karotten in Scheiben schneiden, Chilischote und Knoblauch hacken.
- Öl in einem Topf erhitzen. Das gehackte Gemüse hinzufügen und bei schwacher Hitze fünf bis acht Minuten köcheln lassen. Tomaten abbrühen, häuten, den Strunk herausschneiden. Anschließend Tomaten vierteln und in den Topf mit Gemüse geben. Zucker und eine Prise Salz hinzugeben und 15 Minuten lang zugedeckt schmoren.
- Wenn das Gemüse weich geworden ist, die Gemüsebouillon und 100 Milliliter Kokosmilch dazugießen und mit einem Stabmixer zu einer glatten Creme verarbeiten. Mit Salz und Pfeffer würzen. Mit einem Teelöffel Kokosmilch, einem Esslöffel Reis und Petersilie oder Koriander servieren.

> Wenn du Reis im Kochbeutel hast, schneide ihn auf und koche den Reis ohne Beutel direkt im Wasser. Kunststoff verbessert den Geschmack nicht, und den Reis ohne Beutel zu kochen, macht das Kochen wirklich nicht viel schwieriger.

PASTA DES UNARTIGEN MÄDCHENS

Spaghetti alla puttanesca ist eine traditionelle süditalienische Pasta mit einer intensiv salzigen Tomatensauce voller Kapern, Oliven, Chilischote und Knoblauch. Der Name kommt vom italienischen Wort puttana, das in einem anständigen Kochbuch nicht erklärt werden sollte.

ZUTATEN

400 g	Spaghetti
1 Dose	geschnittene Tomaten (400 ml)
70 g	schwarze Oliven
4 cm	entkernte Chilischote
2	Knoblauchzehen
2 TL	Kapern
einige EL	Oliventresteröl
1 Prise	Salz
1 Prise	schwarzer Pfeffer

Zum Servieren

2 EL	frische Petersilie
	schwarzer Pfeffer

ZUBEREITUNG

- Oliven in Streifen schneiden, Chilischote und Knoblauch klein hacken. Öl in einem Topf erhitzen. Chilischote und Knoblauch dazugeben und bei schwacher Hitze für 30–60 Sekunden köcheln lassen. Oliven und Kapern hinzufügen und zwei bis drei Minuten dünsten. Dosentomaten, Salz und Pfeffer dazugeben und bei schwacher Hitze 15–20 Minuten köcheln lassen.
- In der Zwischenzeit die Pasta gemäß den Anweisungen auf der Verpackung zubereiten. Wenn sie al dente ist, abseihen, in die Tomatensauce geben und gut vermischen. Mit Petersilie servieren und reichlich mit Pfeffer würzen.

Für dieses Gericht können sowohl Weißmehl- als auch Vollkornnudeln verwendet werden. Anstelle der Spaghetti kannst du auch Bucatini, Linguini oder sogar die gute, alte Penne verwenden.

SPAGHETTI
MIT TOFUBÄLLCHEN IN TOMATENSAUCE

Tofubällchen in Tomatensauce wird man in Italien umsonst suchen. Dieses Gericht wurde von Amerikanern erfunden und auf der ganzen Welt berühmt gemacht – wahrscheinlich, weil es so einfach und schnell zuzubereiten ist – und auch noch köstlich schmeckt.

ZUTATEN

400 g Spaghetti

Sauce

2 kg frische Tomaten oder 2 Dosen geschnittene Tomaten (je 400 ml)
1 kleine Zwiebel
2 Knoblauchzehen
1 EL Aceto balsamico
¼ TL getrockneter Oregano
¼ TL getrockneter Thymian

Tofubällchen

2 Blöcke Naturtofu (jeweils 180 g)
75 g Semmelbrösel
2–3 EL Sojasauce
1 EL Hefeflocken
2 TL scharfer Senf
1 TL gehackter frischer Oregano oder ½ TL getrockneter Oregano
1 TL geräuchertes Paprikapulver
½ TL scharfes Paprikapulver

Oliventresteröl oder anderes Öl
Salz
schwarzer Pfeffer

Zum Servieren

Olivenöl
schwarzer Pfeffer

ZUBEREITUNG

- Einige Esslöffel Oliventresteröl in einem Topf erhitzen. Fein gehackte Zwiebel dazugeben und eine Weile köcheln lassen, bis sie weich ist, dann den gehackten Knoblauch dazugeben und eine Minute schmoren. Tomaten dazugeben (frische Tomaten vorher abbrühen und häuten, Strünke herausschneiden und die Tomaten vierteln), Aceto balsamico, Kräuter und eine Prise Salz dazugeben bei schwacher Hitze 30 Minuten lang kochen (bei frischen Tomaten: mindestens 45–60 Minuten).
- In der Zwischenzeit die Pasta gemäß den Anweisungen auf der Verpackung zubereiten. Tofu grob würfeln, die restlichen Tofubällchen-Zutaten hinzufügen und mit einem Stabmixer zu einer glatten Masse verarbeiten. Mit Salz und Pfeffer würzen, verkneten und dann walnussgroße Kugeln formen und beiseitelegen.
- Einige Esslöffel Oliventresteröl in einer Bratpfanne erhitzen. Die Tofubällchen etwa eine Minute lang goldbraun braten, ab und zu umdrehen, dann auf ein Papiertuch legen und das überschüssige Fett abtropfen lassen.
- Die gekochte Pasta in den Topf mit der Tomatensauce geben, gut vermischen und dann die Tofubällchen vorsichtig unterrühren. Mit Olivenöl beträufelt und mit Pfeffer bestreut servieren.

> Die Masse für die Tofubällchen ist ziemlich kompakt. Wenn dein Stabmixer Schwierigkeiten hat, zerbrösele sie einfach und knete sie mit der Hand. Wichtig ist nur, dass es keine Klumpen mehr gibt.

FOCACCIA
MIT TOMATE UND LEINÖL

Dies ist die polnische Version des italienischen Fladenbrots mit Rosmarin, das mit dem besten Olivenöl serviert wird: Focaccia – hier gebacken mit süßer Tomate und serviert mit leicht bitterem Leinöl.

ZUTATEN

Teig

600 g Weizenmehl
100 ml warme Pflanzenmilch
350 ml Wasser
10 g Trockenhefe
4 EL Olivenöl
2 TL Salz

1 große Himbeertomate oder Ochsenherztomate
Olivenöl
Salz

Zum Servieren

kalt gepresstes Leinöl

ZUBEREITUNG

- Das Mehl in eine Schüssel sieben, die restlichen Zutaten hinzufügen und den Teig von Hand oder mit einem Handmixer fünf bis zehn Minuten lang kneten, bis er geschmeidig ist. Den gekneteten Teig mit einem dicken Küchentuch abdecken und an einem warmen Ort mindestens eine Stunde lang gehen lassen.
- Den Backofen auf 200 °C vorheizen. Den aufgegangenen Teig gleichmäßig in der Backform verteilen und mit den Fingern fest andrücken. Den Tomatenstrunk herausschneiden. Die Tomate in dicke Scheiben schneiden und dann auf den Teig legen, sanft eindrücken und nochmals 30 Minuten gehen lassen.
- Gegangene Focaccia mit Salz bestreuen und 25–30 Minuten lang backen. Sofort schneiden, in Leinöl tunken und essen.

Nach diesem Rezept gelingen dir verschiedene Focacce mit saisonalem Gemüse oder mit Pilzen, serviert mit diversen kalt gepressten Ölen. Probiere zum Beispiel Focacce mit Pfifferlingen und Leindotteröl, mit Feigen und Walnussöl oder mit Rosmarin und Rapsöl.

CREMESUPPE

AUS GEBACKENEN TOMATEN UND PAPRIKASCHOTEN

Gebackene Tomaten schmecken ganz anders als die gekochten, besonders wenn man sie mit gerösteten Paprikaschoten verbindet, die fleischig und aromatisch sind und einen Zitrus-Nachgeschmack haben.

ZUTATEN

2 kg	reife Tomaten
6–8	rote Paprikaschoten
2–3	Knoblauchzehen
250–375 ml	Gemüsebouillon (S. 276)
1 EL	Öl
	Salz
	schwarzer Pfeffer

Zum Servieren

Croûtons
frisches Basilikum
natives Olivenöl extra

ZUBEREITUNG

- Den Backofen auf 200 °C vorheizen und die Umluftfunktion einschalten. Die Paprikaschoten halbieren, entkernen und auf ein mit Backpapier ausgelegtes Backblech mit der Haut nach unten legen. Tomatenstrünke herausschneiden. Tomaten gemeinsam mit dem Knoblauch in Schalen auf ein weiteres mit Backpapier ausgelegtes Backblech legen und 25–35 Minuten backen, bis die Ränder der Paprikaschoten zu verkohlen beginnen.
- Die heißen Paprikaschoten in einen luftdichten Lebensmittelbehälter geben und für 15 Minuten beiseitelegen (vereinfacht später das Enthäuten der Paprikaschoten).
- Öl in einem Topf erhitzen. Die gebackenen Tomaten, den aus den Schalen gepressten Knoblauch und eine großzügige Prise Salz dazugeben und bei schwacher Hitze 10–20 Minuten lang schmoren. In der Zwischenzeit die Paprikaschoten schälen (versuche, die gesamte Haut zu entfernen, aber vor allem den verkohlten Teil).
- Zu den geschmorten Tomaten die geschälten Paprikaschoten und die Gemüsebouillon hinzufügen und mit dem Stabmixer zu einer glatten Creme pürieren. Mit Salz und Pfeffer würzen. Heiß mit Croûtons, Basilikum und nativem Olivenöl extra servieren.

Zusammen mit Tomaten und Paprikaschoten kannst du Karotten oder rote Zwiebeln rösten und dann in den Topf legen. Dadurch wird die Suppe noch süßer und dicker – so mögen sie besonders die lieben Kleinen.

CHILI SIN CARNE
MIT ZIMTREIS

Dies ist eine vegetarische Version des beliebten mexikanischen chili con carne. Anstelle des Fleisches enthält sie Bohnen, die unter anderem mit geräuchertem Paprikapulver gewürzt sind, wodurch das Gericht ein intensives Aroma und einen ausgeprägten Geschmack gewinnt. Achtung: Von der angegebenen Portion wird ein Dutzend Amigos satt!

ZUTATEN

2 Dosen	rote Bohnen oder 180 g trockene rote Bohnen, weich gekocht
3	bunte Paprikaschoten
2	rote Zwiebel
2 Stangen	Staudensellerie
60 ml	Tomatenmark
1½ TL	gemahlener Kreuzkümmel
1½ TL	scharfes Paprikapulver
1 TL	süßes Paprikapulver
1 TL	geräuchertes Paprikapulver
½ TL	gemahlener Zimt
2 EL	Sojasauce
1 EL	Aceto balsamico
½ TL	Rohrzucker
einige EL	Öl
	Salz und schwarzer Pfeffer

Zimtreis

300 g	Reis
750 ml	Wasser
2	Zimtstangen
	Salz

Zum Servieren

mehrere	geviertelte Limetten
	gehackter frischer Koriander

ZUBEREITUNG

- Paprikaschoten vierteln und entkernen. Eine Grillpfanne ohne Fett erhitzen, die Paprikaschoten mit der Haut nach unten darauflegen und zwei bis drei Minuten grillen, dann die Paprikaschoten umdrehen und auch die andere Seite zwei bis drei Minuten grillen.
- Die gegrillten Paprikaschoten, Zwiebeln und Staudensellerie fein würfeln. Öl in einem großen Topf erhitzen, gehacktes Gemüse und Gewürze hinzufügen, gründlich mischen und bei schwacher Hitze zehn Minuten köcheln lassen.
- Bohnen, Tomatenmark, Sojasauce, Aceto balsamico, Zucker, einen Teelöffel Salz und eine großzügige Prise Pfeffer hinzufügen, gründlich mischen und mindestens eine Stunde lang garen (wenn das Chili zu wässrig ist, ohne Deckel köcheln lassen, bis die Flüssigkeit verdampft ist und das Chili die richtige Dickflüssigkeit erreicht hat, dann kann es wieder abgedeckt werden). Am Ende des Garvorgangs bei Bedarf mit Salz, Pfeffer und scharfem Paprikapulver würzen.
- In der Zwischenzeit Reis mit Salz und Zimtstange zugedeckt kochen, bis der Reis die gesamte Flüssigkeit aufgenommen hat. Heißes Chili mit Reis, einem Viertel Limette und mit Koriander bestreut servieren.

Für dieses Gericht lässt sich anstelle von Reis jede beliebige, mit Anis, Kardamom oder anderen Lieblingsgewürzen gekochte Grütze oder einfach nur leckeres Brot servieren.

SOBA-NUDELN

MIT GERÖSTETEN PAPRIKASCHOTEN, ERDNÜSSEN UND SCHNITTLAUCH

Geröstete Paprikaschoten passen perfekt zu Erdnusscreme, würzigen Beigaben und Sojasauce. Es reicht, einfach alles zusammenzurühren und mit Soba- oder Reisnudeln zu kombinieren.

ZUTATEN

300 g Soba-Nudeln
3 rote Paprikaschoten

½ entkernte Chilischote
2 cm Ingwerknolle
1 Knoblauchzehe
2 EL Erdnusscreme
1 TL Sojasauce
½ TL Rohrzucker

Zum Servieren
2 EL geröstete Erdnüsse
1 Handvoll gehackter frischer Schnittlauch

ZUBEREITUNG

- Den Backofen auf 220 °C vorheizen. Paprikaschoten halbieren, entkernen, auf ein mit Backpapier ausgelegtes Backblech mit der Haut nach oben legen und 20–25 Minuten backen, bis sie mit schwarzen Blasen bedeckt sind.
- In der Zwischenzeit die Soba-Nudeln gemäß den Anweisungen auf der Verpackung zubereiten, abseihen und mit kaltem Wasser gründlich abschrecken.
- Die heißen Paprikaschoten in einen luftdichten Lebensmittelbehälter geben und für einige Minuten beiseitelegen. Chilischote, Ingwer und Knoblauch in Scheiben schneiden. Die Paprikaschoten vorsichtig häuten.
- Die Paprikaschoten zusammen mit Erdnusscreme, Sojasauce, Zucker, Chili, Ingwer und Knoblauch mit einem Stabmixer zu einer Paste verarbeiten. Bei Bedarf mit mehr Sojasauce würzen.
- Die Soba-Nudeln in einen Topf oder Wok geben, die Paste hinzufügen und bei starker Hitze kurz erhitzen. Mit Erdnüssen und Schnittlauch bestreut servieren.

> Soba-Nudeln können in Lebensmittelgeschäften mit asiatischen Produkten, in gut sortieren Supermärkten oder im Internet gekauft werden. Aber wenn du sie nirgends finden kannst, verwende einfach andere asiatische Nudeln.

BABA GHANOUSH

Die Grundlage für ein leckeres Baba Ghanoush sind gut gegrillte Auberginen. Sie verleihen der Paste ein rauchiges Aroma. Wenn du keinen Gasherd besitzt, lege die Auberginen auf eine heiße, nicht eingefettete Bratpfanne und warte, bis sie beginnen, sanft zu rösten.

ZUTATEN

1 kg kleine Auberginen (ca. 4 Stück)
2 gehackte Knoblauchzehen
4 EL Tahina
Saft von ½ Zitrone
Salz
schwarzer Pfeffer

Zum Servieren

1 Handvoll Granatapfelkerne
gehackte frische Petersilie
Olivenöl
Brot
frisches Gemüse

ZUBEREITUNG

- Den Backofen auf 200 °C vorheizen. Auberginen waschen und über der Flamme des Gasherdes etwa 15 Minuten lang von allen Seiten rösten. Alternativ in einer heißen Pfanne ohne Fett rösten. Wenn sie schlaff und fast schwarz sind, vom Herd nehmen, auf ein mit Backpapier ausgelegtes Backblech legen und im Backofen für 15 Minuten backen.
- Die heißen Auberginen schälen, die restlichen Zutaten hinzufügen und mit einem Stabmixer zu einer Paste verarbeiten. Das fertige Baba Ghanoush eine Weile im Kühlschrank abkühlen. Mit Olivenöl, Petersilie und Granatapfelkernen, Brot oder frischem Gemüse servieren. Am besten schmeckt Baba Ghanoush am nächsten Tag.

Wenn du keine Granatäpfel zur Hand hast, kannst du Baba Ghanoush mit Granatapfelsirup oder mit Zatar (S. 282) oder Sumach servieren.

AUBERGINEN-ERDNUSS-CURRY

Die Idee zu diesem Curry entstand an einem grauen Regentag, an dem ich schlecht gelaunt war und einen Bärenhunger hatte. Um meine Stimmung zu verbessern, beschloss ich, mir ein Curry zu kochen, in dem alle meine Lieblingszutaten enthalten waren: Auberginen, Tomaten und Erdnusscreme, viel Erdnusscreme …

ZUTATEN

Masala

4 cm	Ingwerknolle
4 cm	entkernte Chilischote
2 TL	gemahlener Kreuzkümmel
1 TL	gemahlener Koriander
1 TL	Asafoetida
½ TL	gemahlener Zimt
125 ml	Erdnusscreme
1	große Aubergine (ca. 500 g)
1 Dose	Tomaten (400 ml)
125 ml	Wasser
1 EL	brauner Zucker
einige EL	Öl
	Salz
	schwarzer Pfeffer

Zum Servieren

gehackter frischer Koriander

ZUBEREITUNG

- Alle Zutaten der Masala mit einem Stabmixer zu einer Paste verarbeiten. Die Erdnusscreme dazugeben und nochmals gut mixen.
- Das Öl in einer Bratpfanne stark erhitzen. Die gewürfelte Aubergine hinzufügen und goldbraun anbraten, von Zeit zu Zeit umrühren.
- Die Masala-Paste hinzufügen, alles gründlich mischen, mit Wasser auffüllen und ein bis zwei Minuten lang köcheln lassen, danach Dosentomaten und Zucker, Salz und Pfeffer hinzufügen dazugeben und bei schwacher Hitze für 15–20 Minuten köcheln lassen. Mit Koriander bestreut servieren.

> Dieses Curry lässt sich auch mit Zimtreis (S. 149) oder mit selbst gemachtem Naan (S. 277) servieren.

AUBERGINENAUFLAUF
MIT TOMATEN UND HIRSESAUCE

Dies ist ein weiteres Rezept auf meinem Blog, das besonders beliebt ist – in der Auberginen-Saison wird es täglich von über 10 000 Menschen gelesen. Kein Wunder, denn dieser Auflauf ist einfach köstlich.

ZUTATEN

1 kg Auberginen

1 kg frische Tomaten oder 2 Dosen Tomaten (jeweils 400 ml)
1 Zwiebel
1 Knoblauchzehe
¼ TL gemahlener Zimt
1 Prise brauner Zucker
einige frische Basilikumzweige
einige EL Oliven-Bratöl
Salz
schwarzer Pfeffer

Hirsesauce
200 g gekochte Hirse (100 g ungekochte Hirse)
60–125 ml Pflanzenmilch
2 EL Hefeflocken
¼ TL Chilipulver
Salz
schwarzer Pfeffer

ZUBEREITUNG

- Tomaten abbrühen, häuten, den Strunk herausschneiden und die Tomaten achteln. Zwiebel würfeln und Knoblauch klein hacken. Öl in einem Topf mit dickem Boden erhitzen. Die gewürfelte Zwiebel dazugeben und, wenn sie glasig ist, den Knoblauch hinzufügen und alles eine Minute dünsten. Die Tomaten, gemahlenen Zimt, Zucker und eine großzügige Prise Salz hinzugeben, alles mischen und mindestens 30 Minuten lang köcheln lassen. Mit Salz und Pfeffer würzen.
- In der Zwischenzeit die Auberginen längs in fünf Millimeter breite Scheiben schneiden. Eine Grillpfanne stark ohne Fett erhitzen, die Auberginen eng nebeneinander darauflegen und ein bis zwei Minuten auf beiden Seiten grillen.
- Alle Zutaten der Hirsesauce mit einem Stabmixer zu einer glatten Masse pürieren und beiseitestellen.
- Den Backofen auf 180 °C vorheizen. Die Auflaufform leicht mit Olivenöl einfetten. Eine Schicht Auberginen in die Form geben, darauf einige Esslöffel Tomatensauce und ein paar frische Basilikumblätter geben und zwei bis drei Esslöffel Hirsesauce darübergießen. Wiederholen, bis die Zutaten aufgebraucht sind.
- Die letzte Schicht mit Basilikumblättern bestreuen und mit Olivenöl beträufeln. Ca. 30 Minuten lang backen. Vor dem Servieren eine Weile abkühlen lassen (dann ist es einfacher, den Auflauf zu schneiden). Am besten schmeckt er wiedererhitzt am nächsten Tag.

Auf die gleiche Weise kannst du auch Zucchini zubereiten.

MOUSSAKA
MIT SCHWARZEN LINSEN

Die traditionelle Moussaka wird aus Hackfleisch, Auberginen und Béchamelsauce zubereitet. In meiner Version sind die Auberginen in eine dicke schwarze Linsensauce getaucht und mit einer Schicht Kartoffelpüree mit einem ausgeprägten Geschmack bedeckt.

ZUTATEN

1½ kg Auberginen (ca. 3 Stück)
4 EL Oliventresteröl

Linsensauce

220 g schwarze Linsen, 1 Stunde lang in heißem Wasser eingeweicht
1 L Wasser
1 Dose Tomaten (400 ml)
1 Zwiebel
2 Knoblauchzehen
125 ml halbtrockener oder trockener Weißwein
1 EL gehackte frische Petersilie
1 TL getrockneter Oregano
½ TL getrocknete Minze
½ TL getrockneter Thymian
½ TL gemahlener Zimt
½ TL Rohrzucker
3 EL Bratöl
Salz und schwarzer Pfeffer

Kartoffelpüree

800 g Kartoffeln
85 ml Pflanzenmilch
3 EL Oliventresteröl
1 EL Hefeflocken
1 Prise geriebene Muskatnuss
Salz und schwarzer Pfeffer

ZUBEREITUNG

- Den Backofen auf 220 °C vorheizen. Linsen abseihen, mit frischem Wasser übergießen und für 20–30 Minuten garen, bis sie weich geworden sind.
- In der Zwischenzeit Kartoffeln schälen, halbieren und in Salzwasser weich kochen.
- Auberginen in einen Zentimeter dicke Scheiben schneiden, eng nebeneinander auf ein mit Backpapier ausgelegtes Backblech legen, mit Salz bestreuen und mit Oliventresteröl beträufeln. 15 Minuten lang backen und anschließend abkühlen lassen. Die Temperatur auf 180 °C reduzieren. Die Zwiebel würfeln und den Knoblauch hacken. Gekochte Linsen abseihen. Das Öl in einem großen Topf erhitzen, Zwiebel und Knoblauch hinzufügen und ein bis zwei Minuten dünsten. Die Linsen hinzufügen, den Wein hineingießen und, wenn er zu kochen beginnt, Dosentomaten und Gewürze dazugeben. Gründlich mischen und 15–20 Minuten köcheln lassen. Mit Salz und Pfeffer würzen.
- Die Kartoffeln abgießen, die restlichen Zutaten des Kartoffelpürees hinzufügen und zu einer glatten Masse pürieren oder zerdrücken.
- Die Auflaufform leicht mit Olivenöl einfetten. Eine Schicht Auberginenscheiben in die Form legen und mit einer Schicht Linsensauce begießen, eine zweite Schicht Auberginenscheiben daraufgeben und mit der restlichen Linsensauce bedecken. Zum Schluss das Kartoffelpüree darauf verstreichen und die letzten Scheiben der Auberginen darauflegen. 15–25 Minuten lang backen.

> Es stimmt, dass man mit diesem Gericht viel zu tun hat, aber es lohnt sich! Weil du ein köstliches Abendessen für einige Tage hast oder … ein großes Festmahl für ein Candle-Light-Dinner.

Grünes Gemüse

FENCHEL GRÜNE ERBSEN
SPARGEL DICKE BOHNEN
GURKE BRECHBOHNEN

SUPPE
AUS OGÓRKI MAŁOSOLNE*

Wenn du die traditionelle Salzgurkensuppe magst, dann wird dir diese Variante sicher auch gut schmecken. Sie ist nur leicht sauer, riecht nach Liebstöckel und ist voller weicher Kartöffelchen, die im Mund schmelzen.

ZUTATEN

500 g	milchsauer eingelegte (fermentierte) Gurken
2	Kartoffeln
2	Knoblauchzehen
1 EL	geraspelter Meerrettich
2	Lorbeerblätter
2	Pimentkörner
2	Pfefferkörner
1 TL	getrockneter Bärlauch
½ TL	getrockneter Liebstöckel
½ TL	getrockneter Majoran
¼ TL	getrockneter Thymian
1 L	Gemüsebouillon (S. 276)
3 EL	Öl
	Salz
	schwarzer Pfeffer

Zum Servieren

1 Handvoll	gehackter frischer Dill

ZUBEREITUNG

- Salzgurken grob raspeln, Kartoffeln sehr fein würfeln und den Knoblauch klein hacken.
- Das Öl in einem Topf erhitzen. Knoblauch, Pimentkörner, Lorbeerblätter und Pfefferkörner hinzufügen und eine Minute lang schmoren lassen. Kartoffeln, Gurken, Meerrettich und Kräuter dazugeben und 15 Minuten köcheln lassen. Mit Gemüsebouillon aufgießen und 15 Minuten zugedeckt kochen, bis das Gemüse sehr weich geworden ist. Mit Salz und Pfeffer abschmecken. Mit Dill bestreut servieren.

Die fertige Suppe kannst du mit Kürbissahne oder Pflanzenmilch eindicken (S. 263).

** Anm. d. Übers.: ogórki małosolne – ca. zwei bis drei Tage lang milchsauer eingelegte Salzgurken (in Deutschland regional auch als saure Gurken oder Salz-Dill-Gurken bekannt); kurz fermentierte, salzarme Gurken*

GURKEN
MIT SESAM

Rohe Gurken enden normalerweise auf belegten Broten oder im Gurkensalat, der zum Mittagessen gereicht wird – was bedeutet, dass sie nur eine Beilage sind. In diesem Salat aber spielen sie die erste Geige – und, eingetaucht in eine saftige Marinade mit erfrischender Minze, knacken sie angenehm zwischen den Zähnen.

ZUTATEN

2 Salatgurken

Marinade

60 ml warmes Wasser
2 EL Agavendicksaft
1 EL Miso oder Sojasauce
1 EL Reisessig
4 cm entkernte Chilischote

100 g Reisnudeln
Salz

Zum Servieren

2 EL gerösteter Sesam
1 Handvoll gehackter frischer Schnittlauch
1 Handvoll gehackte frische Minze

ZUBEREITUNG

- Gurken schälen, längs halbieren und entkernen, anschließend in Scheiben schneiden und in eine Schüssel geben.
- In einer Tasse das Miso mit Wasser so lange mischen, bis es sich aufgelöst hat. Agavendicksaft, Reisessig und in Scheiben geschnittene Chilischote hinzufügen und gut vermischen. Die Gurken mit einem Teil der Marinade aufgießen und für 30 Minuten in den Kühlschrank stellen.
- Reisnudeln gemäß den Anweisungen auf der Verpackung zubereiten und anschließend mit kaltem Wasser gründlich abschrecken. Mit Gurken vermengen und mit dem restlichen Teil der Marinade aufgießen. Mit Schnittlauch, Minze und Sesam bestreut servieren.

Ein solcher Salat ist ein gutes, leichtes Mittagessen. Und wenn du die Menge der Marinade halbierst und auf die Nudeln verzichtest, kannst du den Salat als Beilage zu Auberginen-Erdnuss-Curry (S. 155), Brechbohnen-Curry mit neuen Kartoffeln (S. 181) oder einem anderen Mittagsgericht servieren.

SPARGEL-CAPPUCCINO

In den letzten Jahren während der Spargelsaison ersetzte der Spargel-Cappuccino in allen angesagten Bistros die bis dahin so beliebte Spargelcremesuppe. Und obwohl der Spargel-Cappuccino raffiniert erscheint, ist er genauso einfach zuzubereiten wie jede andere Gemüsecremesuppe.

ZUTATEN

1 Bund grüner Spargel (500 g)
1 Stange junger Lauch (nur der weiße Teil)
500 ml Gemüsebouillon (S. 276)
3 EL feines Öl
Salz
schwarzer Pfeffer

250 ml Mandelmilch oder andere Pflanzenmilch

ZUBEREITUNG

- Die harten Enden des Spargels abschneiden, aber nicht entsorgen. Den Rest des Spargels in dicke Scheiben und den Lauch in dicke Ringe schneiden.
- Das Öl in einem Topf erhitzen. Die abgeschnittenen Spargelenden darin fünf bis acht Minuten bei schwacher Hitze anschwitzen, anschließend herausnehmen und entsorgen. Lauch hinzufügen und bei schwacher Hitze acht bis zehn Minuten dünsten, bis er glasig ist. Spargel dazugeben und fünf Minuten bei schwacher Hitze dünsten. Mit Gemüsebouillon aufgießen und fünf bis acht Minuten zugedeckt köcheln lassen, bis der Spargel weich ist.
- In der Zwischenzeit in einer kleinen Stielkasserole die Pflanzenmilch gut erhitzen und anschließend mit einem Milchschäumer oder Schneebesen aufschäumen.
- Die Suppe mit dem Stabmixer zu einer glatten Creme pürieren und mit Salz und Pfeffer abschmecken. Mit einem Klecks geschlagener Pflanzenmilch und einer Prise Pfeffer servieren.

Wenn du die Spargelenden anschwitzt, erhältst du ein Öl mit einer ausgeprägten Spargelnote. Dadurch bekommt die Suppe einen intensiveren Geschmack.

ERBSENCREMESUPPE
MIT KLARAPFEL UND KURKUMA-OLIVENÖL

Werden ein knuspriger Staudensellerie und ein säuerlicher Apfel zugesetzt, bekommt diese Cremesuppe einen außergewöhnlich zarten, erfrischenden Geschmack. Selbst wenn du keinen Staudensellerie magst, lass ihn nicht weg, weil er in dieser Kombination wirklich gut schmeckt.

ZUTATEN

450 g frische oder Tiefkühlerbsen
1 weißer Klarapfel
1 Stange junger Lauch (nur der weiße Teil)
2 Stangen Staudensellerie
½ entkernte Chilischote
1 L Gemüsebouillon (S. 276)
3 EL Öl
Salz
schwarzer Pfeffer

60 ml natives Olivenöl extra
2 TL Kurkuma

ZUBEREITUNG

- Den Lauch in Ringe, den Staudensellerie in dünne Scheiben schneiden und den Apfel vierteln und entkernen. Chilischote hacken. Öl in einem Topf erhitzen. Den Lauch dazugeben und bei schwacher Hitze zwei bis drei Minuten schmoren lassen. Staudensellerie, Apfel, Chilischote hinzufügen und fünf bis acht Minuten lang schmoren.
- Erbsen dazugeben und gründlich mischen. Mit der Gemüsebouillon aufgießen und 10–15 Minuten zugedeckt kochen. Mit einem Stabmixer zu einer glatten Cremesuppe pürieren und mit Salz und Pfeffer abschmecken.
- Natives Olivenöl extra mit Kurkuma mischen. Die Suppe mit einem Esslöffel Öl und mit einer großzügigen Prise Pfeffer bestreut servieren.

Kurkumaöl kannst du auch zu Kürbiscremesuppe (S. 127) oder zu Salaten hinzufügen. Außerdem schmeckt es hervorragend mit geröstetem Blumenkohl.

BROTAUFSTRICH AUS ZITRONIGEN ERBSEN
MIT MINZE

Dies ist einer meiner Lieblingsbrotaufstriche. Dank Tiefkühlerbsen kann er sowohl im Frühjahr als auch im Winter zubereitet werden. Komme bloß nicht in Versuchung, gefrorene Erbsen durch Dosenerbsen zu ersetzen, denn dann wird der Aufstrich weder eine schöne Farbe, noch einen zarten Geschmack haben.

ZUTATEN

450 g Tiefkühlerbsen
1 Zitrone
1 Knoblauchzehe
2 EL gehackter frischer Dill
2 EL gehackte frische Minze
60 ml natives Olivenöl extra
Salz
schwarzer Pfeffer

ZUBEREITUNG

- In einem kleinen Topf Salzwasser aufkochen, die Erbsen dazugeben und fünf Minuten aufkochen lassen, bis das Wasser wieder zu sieden beginnt. Die Erbsen schnell abseihen und mit eiskaltem Wasser abschrecken (damit sie ihre schöne grüne Farbe behalten).
- Die Zitrone abbrühen, die Hälfte der Schale abreiben und anschließend den ganzen Saft aus der Zitrone herauspressen. Knoblauch klein hacken.
- Die Erbsen mit Zitronenschale, Zitronensaft, Knoblauch, Dill, Minze und nativem Olivenöl extra vermengen und mit dem Stabmixer zu einer glatten Paste verrühren. Mit Salz und Pfeffer abschmecken.

> Wenn dicke Bohnen Saison haben, kannst du damit die Erbsen ersetzen. Koche sie einfach al dente und schäle sie.

DICKE BOHNEN NACH LIBANESISCHER ART

Obwohl uns – von all den Hülsenfrüchten – die Dicken Bohnen am vertrautesten und am heimischsten zu sein scheinen, sind sie im Nahen Osten noch beliebter als hierzulande. An jedem Stand kann man dort getrocknete Dicke Bohnen kaufen, und in den kleinen Garküchen die kilometerweit duftenden, wärmenden Eintöpfe aus Dicken Bohnen voller Kardamom, Zimt und Chilipulver genießen. Aber du musst nicht extra in den Nahen Osten fahren, sondern kannst dieses Gericht auch einfach zu Hause zubereiten.

ZUTATEN

800 g Dicke Bohnen
1 Zwiebel
2 Lorbeerblätter
2 Kardamomschoten
2 TL gemahlener Kreuzkümmel
1 TL gemahlener Koriander
1 TL gemahlener Zimt
¼ TL Chilipulver
einige EL Öl
2 Dosen Tomaten (jeweils 400 ml)
2 EL Rosinen
Salz
schwarzer Pfeffer

Zum Servieren
gehackte frische Petersilie

ZUBEREITUNG

- Dicke Bohnen in leicht gesalzenem Wasser kochen, anschließend abseihen und beiseitestellen. Zwiebel würfeln.
- Öl in einem großen Topf erhitzen. Zwiebel und alle Gewürze hinzufügen und zwei bis drei Minuten dünsten. Die Dicken Bohnen dazugeben und drei weitere Minuten köcheln lassen. Dosentomaten und Rosinen hinzufügen, Salz und Pfeffer dazugeben und 15 Minuten köcheln lassen. Heiß, mit Petersilie bestreut, servieren.

Die so zubereiteten dicken Bohnen lassen sich mit Couscous oder beliebigen arabischen Brot servieren. Wenn du dich für Couscous entscheidest, lass dich nicht von den Zubereitungshinweisen auf der Verpackung täuschen: Gieße den Couscous nicht mit Wasser, sondern mit Gemüsebouillon (S. 276) auf – er wird viel besser schmecken.

GEBACKENE DICKE-BOHNEN-SCHOTEN

Dieses Rezept würde es nicht geben, wenn ich nicht eines Tages ganz zufällig Adam kennengelernt hätte, der mich mit Ewa bekannt machte, die mich wiederum ihrem Freund Karol vorstellte, der sich als Koch in dem bekannten Warschauer Solec 44 von Aleksander Baron entpuppte. Als wir uns viele Monate später in meiner Küche getroffen haben, bereiteten wir gemeinsam die gebackenen Dicken Bohnen zu. So entdeckten wir die schnellste und köstlichste Art und Weise, wie man mit vielen Bohnenschoten umgeht. „Zwei kluge Köpfe sind besser als einer", sagt ein polnisches Sprichwort.

ZUTATEN

1 kg Dicke-Bohnen-Schoten
4 Knoblauchzehen mit Schale
einige frische Thymianzweige
einige frische Rosmarinzweige
einige EL Oliven-Bratöl
200 g Salz

ZUBEREITUNG

- Den Backofen auf 200 °C vorheizen. Dicke-Bohnen-Schoten waschen und abtrocknen. Salz gleichmäßig auf dem Backblech verteilen und die Bohnenschoten, Knoblauch und Kräuter daraufgeben.
- Alles mit Olivenöl beträufeln und 15–20 Minuten backen. Die gebackenen Bohnenschoten in eine Schüssel geben und beim Picknick oder beim Filmgucken knabbern.

Wenn du sie nicht mit Salz zubereiten möchtest, empfiehlt es sich, die Dicke-Bohnen-Schoten einfach mit Olivenöl zu beträufeln und mit deinen Lieblingskräutern zu backen.

FENCHELSALAT MIT APFEL
UND WASABI

Fenchel, bekannt auch als Fenis, sieht so originell aus, dass er die weniger Küchenerfahrenen häufig abschreckt. Um das Eis zu brechen, ist es deshalb hilfreich, einen einfachen und schnellen Fenchelsalat mit Apfel, Gurken und Wasabi zuzubereiten.

ZUTATEN

2 kleine Fenchel
6 Gartengurken oder 2 Salatgurken
½ saurer Apfel
4 EL gehackter frischer Dill
2 EL Zitronensaft

Sauce

1 TL Wasabi
2 EL Wasser
4 EL natives Olivenöl extra
Salz
schwarzer Pfeffer

ZUBEREITUNG

- Fenchel längs halbieren, den harten Strunk herausschneiden und den Fenchel in dünne Streifen schneiden. Gurken in dünne Scheiben schneiden, den Apfel schälen, entkernen, klein würfeln und mit Zitronensaft beträufeln. Gemüse und Apfel in eine Schüssel geben. Dill dazugeben.
- In einer Tasse Wasabi mit Wasser so lange mischen, bis sich das Wasabi aufgelöst hat. Natives Olivenöl extra, Salz und Pfeffer hinzugeben und noch einmal mischen. Den Salat damit übergießen und gründlich durchmischen.

Salate mit Fenchel sind eine skandinavische Spezialität. Sie schmecken am besten mit dunklem Roggenbrot. Du kannst auch eine Brotscheibe mit Avocado bestreichen und mit einem gehäuften Esslöffel des fertigen Fenchelsalats belegen.

GEBACKENER FENCHEL
IN ORANGEN

Als ich während meiner Studienzeit die ersten Schritte auf Küchenpfaden unternahm, arbeitete ich in einem sizilianischen Restaurant. Damals war gebackener Fenchel in Orangen eines meiner Lieblingsgerichte. Es schmeckte mir so gut, dass der Küchenchef das Gericht nach seinem Feierabend extra für mich zubereitete, sogar nachdem es von der Karte genommen worden war.

ZUTATEN

2 kleine Fenchel mit Gemüsegrün
1 kleine rote Zwiebel
10 schwarze Oliven

Sauce
60 ml Orangensaft
60 ml Oliven-Bratöl
Salz
schwarzer Pfeffer

ZUBEREITUNG

- Den Backofen auf 180 °C vorheizen. Fenchelgrün abschneiden, aber nicht entsorgen. Fenchel längs halbieren und anschließend längs in Scheiben schneiden. Zwiebel längs halbieren und anschließend quer in dicke Scheiben schneiden. Oliven halbieren.
- Das Gemüse in eine Auflaufform legen.
- Alle Zutaten der Sauce in einer Tasse verrühren. Das Gemüse damit aufgießen und gründlich mischen. 20–25 Minuten lang backen. Das gebackene Gemüse mit dem gehackten Fenchelgrün bestreuen. Als leichten Lunch genießen oder mit der Lieblingsgrütze zum Mittagessen servieren.

Zu dem auf diese Art und Weise zubereiteten Fenchel passen auch Quinoa, Vollkornreis oder leicht gegrillte Ciabatta.

Brechbohnen-Curry
mit neuen Kartoffeln

Einerseits leicht und wie geschaffen für den Sommer, andererseits füllend und wärmend – genauso ist das Gericht. Besonders gut schmeckt es an den ersten Septemberabenden.

Zutaten

Masala

2 entkernte Chilischoten
2 Knoblauchzehen
3 cm Ingwerknolle
1 Prise Salz

400 g Brechbohnen
300 g neue Kartoffeln

2 TL Kreuzkümmelsamen
1½ TL Senfsamen
2 EL Öl

375 ml heißes Wasser
250 ml Kokosmilch
Salz
schwarzer Pfeffer

1 große Tomate
1 Bund frische Petersilie

Zubereitung

- Alle Zutaten der Masala mit einem Stabmixer zerkleinern oder in einem Mörser zu einer Paste zerreiben. Kartoffeln mit einer Gemüsebürste putzen und würfeln, die Spitzen der Brechbohnen abschneiden.
- Öl in einem Topf erhitzen. Kreuzkümmel- und Senfsamen hinzufügen und den Topf schnell zudecken. Wenn die Samen zu springen beginnen, für einen Moment vom Herd nehmen, Masala dazugeben, gründlich mischen und ein bis zwei Minuten köcheln lassen. Brechbohnen und Kartoffeln hinzugeben, noch einmal gründlich mischen und zwei weitere Minuten schmoren. Anschließend mit Wasser und Kokosmilch aufgießen, mischen und 15 weitere Minuten köcheln lassen, bis das Gemüse weich geworden ist.
- In der Zwischenzeit Petersilie grob hacken, die Tomate abbrühen, häuten, den Strunk herausschneiden und die Tomate fein würfeln. Das fertige Curry mit Salz und Pfeffer abschmecken, Tomate und Petersilie dazugeben und vorsichtig mischen. Mit Reis, Bulgur oder selbst gemachtem Naan (S. 277) servieren.

> Auf Basis dieses Rezeptes gelingt es dir, viele andere Sommercurrys zuzubereiten. Statt der Kartoffeln verwende einen Kürbis, die Brechbohnen tausche gegen enthülste Dicke Bohnen, oder sei ganz verrückt und verwende Süßkartoffeln und Pfifferlinge.

Pilze

MARONENPILZE
AUSTERNPILZE
CHAMPIGNONS
PFIFFERLINGE
STEINPILZE

BURGER
MIT EINEM PORTOBELLO-PILZ

Ich darf in meiner Küche keine Champignons zubereiten. Denn mein Freund ist in einer Familie aufgewachsen, die eine Champignonzucht betrieben hatte – als er noch ein Kind war, aß er zu viele Pilze, und jetzt kann er sie nicht mehr sehen. Nur für diese Burger macht er eine Ausnahme.

ZUTATEN

5 Portobello-Pilze (sehr große Champignons)

Marinade

2 EL Sojasauce
2 EL Whisky oder Cognac
1 TL Agavendicksaft
½ TL geräuchertes Paprikapulver
½ TL Chiliflocken
einige EL Öl

1 reife Avocado
½ rote Zwiebel
einige knackige Salatblätter
Öl
Salz
schwarzer Pfeffer

5 leicht geröstete Burger Buns (S. 276)
Pesto aus getrockneten Tomaten (S. 131) oder BBQ-Sauce (S. 280)

ZUBEREITUNG

- Die Pilze vorsichtig mit einem leicht angefeuchtetem Blatt Küchenkrepp putzen und anschließend abtrocknen. Die Stiele abschneiden und die Hüte an mehreren Stellen leicht anschneiden.
- Alle Zutaten der Marinade in einer Tasse verrühren und die Pilze damit gründlich einreiben. Den Rest der Marinade beiseitestellen, und die Portobello-Pilze für eine Stunde in den Kühlschrank stellen.
- In der Zwischenzeit Avocado und Zwiebel in Scheiben schneiden, die Salatblätter putzen und in kleine Stücke rupfen.
- Das Öl in einer Bratpfanne stark erhitzen. Die marinierten Pilze auf jeder Seite zwei bis drei Minuten lang braten. Am Ende die Hitze reduzieren, den Rest der Marinade in die Bratpfanne gießen und zwei bis drei Minuten lang kochen, bis die Marinade verdampft ist.
- Die Burger Buns durchschneiden und beide Hälften mit Pesto aus getrockneten Tomaten oder der BBQ-Sauce bestreichen. Die untere Brötchenhälfte mit Zwiebel, Salat, einem gebratenen und gepfefferten Portobello-Pilz und einer gesalzenen Scheibe Avocado belegen. Mit der oberen Brötchenhälfte zudecken, mit einem Schaschlikspieß durchstechen und servieren.

Du kannst auch ganz andere Beläge für diese Burger verwenden, z. B. selbst gemachten Ketchup (S. 278) oder vegane Mayonnaise (S. 279), eingelegtes Gemüse, Sprossen, frische Gurken und Tomaten.

LASAGNEBLÄTTER
MIT PFIFFELINGEN UND KÜRBISSAHNE

Eines Tages kam ich hundemüde nach Hause und hatte in meiner Tasche alles, was für Pasta mit Pfifferlingen benötigt wird – außer Pasta. Es stellte sich heraus, dass die einzige Pastasorte, die ich zu Hause hatte, Lasagne war. Ich überlegte nicht lange und bereitete Pfifferlinge mit Lasagneblättern zu – schon nach dem ersten Biss freute ich mich über diesen Zufall.

ZUTATEN

10 Lasagneblätter

Kürbissahne

160 g Kürbiskerne
2 EL Hefeflocken
250 ml Wasser
3 EL Zitronensaft
¼ TL Agavendicksaft
Salz
weißer Pfeffer
400 g Pfifferlinge
1 Knoblauchzehe
einige EL Oliventresteröl

Zum Servieren

fein gehackte frische Petersilie
schwarzer Pfeffer

ZUBEREITUNG

- Kürbiskerne mit kochendem Wasser aufgießen und 30 Minuten stehen lassen. Pfifferlinge gründlich putzen und abtrocknen, den Knoblauch klein hacken.
- Kürbiskerne abseihen, die restlichen Zutaten der Kürbissahne hinzufügen, mit dem Stabmixer pürieren und anschließend, unter vorsichtigem Druck durch ein feinmaschiges Sieb oder ein Mulltuch passieren (die durchgeseihte Flüssigkeit ist eben die Kürbissahne). Mit Salz und Pfeffer abschmecken.
- Salzwasser aufkochen und die längs durchgebrochenen Lasagneblätter darin 10–12 Minuten kochen, bis sie al dente sind.
- Das Oliventresteröl in einer Bratpfanne erhitzen. Knoblauch dazugeben und 30 Sekunden dünsten, Pfifferlinge hinzufügen und drei bis vier Minuten köcheln lassen, anschließend die Kürbissahne dazugeben und drei Minuten köcheln lassen.
- Die Lasagneblätter abseihen, in die Bratpfanne mit den Pfifferlingen geben, mischen und ein bis zwei Minuten lang erhitzen. Heiß, mit viel Petersilie und schwarzem Pfeffer bestreut, servieren.

Pfifferlinge mit Kürbissahne schmecken hervorragend auch mit Kartoffelpuffern, Blini und Plinsen.

BUCHWEIZENSALAT MIT PFIFFERLINGEN UND HASELNÜSSEN

Ich liebe die Kombination aus Pfifferlingen, leicht nussiger Buchweizengrütze und karamellisierten Haselnüssen. Dieses Gericht schmeckt sehr gut als warmes Mittagessen oder auch am nächsten Tag – als kalter Lunch.

ZUTATEN

220 g ungeröstete Buchweizengrütze
2 getrocknete Waldpilze
1 Knoblauchzehe in der Schale
2 Pimentkörner
2 Lorbeerblätter
500 ml Wasser
Salz

70 g Haselnüsse
1 EL Rohrzucker
1 Msp. Chilipulver
Salz
schwarzer Pfeffer

300 g Pfifferlinge
2 EL Öl
Salz
schwarzer Pfeffer

1 Bund frische Petersilie

Zum Servieren
Leinöl

ZUBEREITUNG

- Die Buchweizengrütze in einen Topf geben, getrocknete Waldpilze, Knoblauch, Pimentkörner, Lorbeerblätter und Salz hinzufügen, mit Wasser aufgießen und zugedeckt bei schwacher Hitze köcheln lassen, bis die Buchweizengrütze die gesamte Flüssigkeit aufgenommen hat. In der Zwischenzeit die Pfifferlinge gründlich putzen und Petersilie sehr fein hacken.
- Eine Bratpfanne ohne Fett erhitzen. Die Haselnüsse in die Bratpfanne legen und 30 Sekunden lang rösten. Zucker, Chilipulver, Salz und Pfeffer hinzufügen und gründlich mischen, sodass die Gewürze den Bratpfannenboden gleichmäßig bedecken. Eine Weile erhitzen, bis der Zucker zu schmelzen beginnt, und dann vorsichtig umrühren, sodass die Nüsse mit den Gewürzen gründlich bedeckt sind. Auf einem Teller abkühlen lassen und anschließend halbieren.
- Das Öl in einer Bratpfanne erhitzen. Die Pfifferlinge dazugeben und auf jeder Seite eine Weile braten. Die gebratenen Pfifferlinge leicht mit Salz und Pfeffer bestreuen und mit Buchweizengrütze, Haselnüssen und Petersilie vermischen. Mit Leinöl großzügig beträufeln.

> Leinöl verleiht diesem Salat eine angenehme Bitterkeit. Aber wenn du kein Leinöl zur Hand hast, probiere gerne alternativ auch hochwertiges Öl oder Rapsöl aus.

FSO

FLECKSUPPE AUS AUSTERNPILZEN

Dies ist ein Rezept, das ich von meiner Großmutter geerbt habe – sie hat es vor 40 Jahren in ihr Rezeptbuch geschrieben. Obwohl der Name dieser Suppe lächerlich erscheint, ist sie genauso wie die traditionelle, sehr unvegetarische Flecksuppe: Sie füllt und wärmt.

ZUTATEN

500 g	Austernpilze
1	kleine Karotte
1	kleine Petersilienwurzel
1	Zwiebel
¼	große Knolle Sellerie
3	Pimentkörner
2	Lorbeerblätter
1 TL	getrockneter Majoran
½ TL	gemahlener Ingwer
½ TL	getrockneter Liebstöckel
¼ TL	geriebene Muskatnuss
2 L	Wasser
einige EL	Öl
	Salz
	schwarzer Pfeffer

ZUBEREITUNG

- Die Austernpilze vorsichtig mit einem leicht angefeuchteten Blatt Küchenkrepp putzen und in Streifen schneiden. Karotten, Petersilie und Sellerieknolle fein würfeln, die Zwiebel klein hacken.
- Das Öl in einem Topf erhitzen. Gemüse, Pilze, Pimentkörner und Lorbeerblätter hinzufügen und bei schwacher Hitze 15 Minuten lang dünsten.
- Die restlichen Gewürze, Wasser und einen Teelöffel Salz hinzufügen und 15–20 Minuten zugedeckt köcheln lassen, bis das Gemüse weich geworden ist. Zum Schluss mit Salz und Pfeffer abschmecken.

Wenn du dir eine schärfere Version dieser Suppe wünschst, kannst du zwei bis vier Esslöffel gutes Tomatenkonzentrat und jeweils eine großzügige Prise Chilipulver und Kräuterpfeffer dazugeben.

GEGRILLTE AUSTERNPILZE
IN BBQ-SAUCE

Vorsicht mit diesem Rezept! Würzig, außen knusprig und innen fleischig: Die Austernpilze in BBQ-Sauce sind so gut, dass man von ihnen abhängig werden kann.

ZUTATEN

250 g Austernpilze
60 ml BBQ-Sauce (S. 280)
1 EL feines Öl
Salz
frisch gemahlener schwarzer Pfeffer

ZUBEREITUNG

- Am Vortag die Austernpilze putzen und mit einer BBQ-Sauce-Öl-Mischung gründlich einreiben. In einem luftdichten Behälter über Nacht marinieren lassen.
- Marinierte Austernpilze auf dem Grill oder in einer gut vorgeheizten Grillpfanne für drei bis fünf Minuten auf beiden Seiten grillen. Zum Schluss mit Salz und Pfeffer abschmecken. Mit leckerem Brot, frischem Gemüse oder als luxuriöse Einlage für den Burger mit einem Portobello-Pilz (S. 185) servieren.

> Diese Austernpilze schmecken so gut, dass man am besten gleich eine doppelte Portion vorbereitet.

TOM KHA
MIT AUSTERNPILZEN

Für die Zubereitung dieser fernöstlichen Kokossuppe benötigt man eine Vielzahl asiatischer Zutaten, aber sobald du sie zusammenhast, ist die Suppe in etwa einer halben Stunde zubereitet.

ZUTATEN

2 Zwiebeln
7 cm Ingwerknolle
4 Knoblauchzehen
½–1 entkernte Chilischote
5 Zitronengrasstängel
1 Bund frischer Koriander
15 Kaffirlimettenblätter
½–1 EL Rohrzucker
2 Dosen Kokosmilch
375–430 ml Wasser
2 EL vegane Fischsauce (S. 282) oder Sojasauce
Saft von 1 Limette

Zum Servieren
500 g gebratene Austernpilze, großzügig gesalzen
1 entkernte Chilischote, in Scheiben geschnitten
1 Limette, geviertelt

ZUBEREITUNG

- Zwiebeln in Streifen und Ingwer, Knoblauch und Chilischote in Scheiben schneiden. Mit einem Messer die knollenförmigen Enden von Zitronengras zerdrücken und längs halbieren. Die Korianderblätter von den Stielen entfernen und beiseitelegen (nur die Stiele werden für die Brühe benötigt, die Blätter werden zum Bestreuen der fertigen Suppe verwendet).
- Alle Zutaten außer Wasser, der Sauce und des Limettensafts in den Topf geben, mit Kokosmilch aufgießen, aufkochen und bei schwacher Hitze 15 Minuten zugedeckt köcheln lassen.
- Die Suppe abseihen. Wasser, Sauce und Limettensaft hinzufügen und gründlich mischen. Die heißen, gebratenen Austernpilze in Schüsseln geben und mit der Suppe aufgießen. Mit Chilischoten-Scheiben, einem Viertel Limette und mit Koriander bestreut servieren.

Abgesehen von den Austernpilzen lässt sich diese Suppe auch mit gebratenen Tofu- oder Tempeh-Stückchen oder blanchiertem Gemüse servieren.

OMA MARIAS SUPPE
MIT GETROCKNETEN WALDPILZEN

Vor jedem Besuch bei meiner Großmutter fragte sie mich, was sie zum Mittagessen kochen solle. Meine Antwort lautete jedes Mal: Suppe mit getrockneten Waldpilzen.

ZUTATEN

40 g	getrocknete Steinpilze oder Maronenpilze
250 ml	kaltes Wasser
2–3	Kartoffeln
½	Karotte
½	Petersilienwurzel
1	Knoblauchzehe
2	Pimentkörner
3	Lorbeerblätter
3	Pfefferkörner
500 ml	Gemüsebouillon (S. 276)
3 EL	Öl
	Salz
	frisch gemahlener schwarzer Pfeffer

ZUBEREITUNG

- Die getrockneten Waldpilze mit Wasser aufgießen und für einige Stunden oder über Nacht beiseitestellen. Eingeweichte Pilze abseihen (das Wasser in eine Schüssel auffangen und beiseitestellen) und die Pilze in dünne Streifen schneiden.
- Kartoffeln, Karotten und Petersilie würfeln, den Knoblauch klein hacken. Das Öl in einem Topf erhitzen. Knoblauch, Pimentkörner, Lorbeerblätter und Pfefferkörner hinzufügen und 30 Sekunden lang schmoren. Die Pilze hinzufügen und zwei bis drei Minuten lang dünsten.
- Gehacktes Gemüse hinzufügen und vorsichtig mischen. Mit Pilzwasser und Gemüsebouillon aufgießen und bei schwacher Hitze 20–30 Minuten zugedeckt köcheln lassen. Mit Salz und Pfeffer abschmecken.

> Probiere diese Suppe auch in einer etwas abgewandelten Version. Koche sie ohne Kartoffeln und gib auf jeden Teller stattdessen einen großen Esslöffel Kartoffelpüree.

Hülsenfrüchte

SCHWARZE BOHNEN
WEISSE BOHNEN
GRÜNE LINSEN
BELUGALINSEN
KICHERERBSEN
ROTE LINSEN
BERGLINSEN
ERBSEN

GEBRATENE LINSEN
ZUM FRÜHSTÜCK

Ich liebe es, herzhaft zu frühstücken. Im Winter muss das Frühstück zusätzlich unbedingt heiß und sättigend sein, um mir Energie für den Kampf gegen den peitschenden Schnee zu geben, wenn ich mal wieder an einer Bushaltestelle feststecke.

ZUTATEN

120 g rote Linsen
1 Dose geschnittene Tomaten (400 ml)
1 rote Zwiebel
1 Knoblauchzehe
½ TL süßes Paprikapulver
½ TL geräuchertes Paprikapulver
¼ TL Chilipulver
¼ TL gemahlener Zimt
500–750 ml Wasser
3 EL Oliventresteröl
Salz
schwarzer Pfeffer

Zum Servieren

getrocknete oder frische Petersilie

ZUBEREITUNG

- Zwiebel in Streifen schneiden und den Knoblauch hacken. Oliventresteröl in einer Bratpfanne oder einem Topf erhitzen. Knoblauch dazugeben und 15 Sekunden dünsten. Zwiebel zugeben und bei mittlerer Hitze drei Minuten schmoren lassen. Gewürze und die Linsen dazugeben und 3-4 Minuten köcheln lassen.
- Mit Wasser aufgießen, Dosentomaten und eine Prise Salz hinzufügen. 10–15 Minuten zugedeckt köcheln lassen, danach ohne Deckel weitere drei bis fünf Minuten köcheln. Falls notwendig, mehr Wasser hinzufügen. Mit Salz und Pfeffer würzen. Mit gehackter Petersilie und leckerem Brot servieren.

> Wenn du magst, koche die Linsen (in beliebiger Farbe) auch einen Tag im Voraus und gib sie morgens nur zum geschmorten Knoblauch und zur Zwiebel. Es ist dann nicht notwendig, Wasser hinzuzufügen, und man kann das Ganze viel kürzer köcheln lassen – ca. acht Minuten reichen, um das Frühstück zuzubereiten.

LINSENPASTETE
MIT CRANBERRYS

Wenn es diese Pastete nicht gäbe, gäbe es vielleicht dieses Buch nicht – ich habe den ernsthaften Verdacht, dass dies eines der Rezepte ist, die meinen Blog berühmt gemacht haben. Die Pastete schmeckt Veganern sehr gut, sie wird aber auch von Fleischessern geschlemmt.

ZUTATEN

400 g gekochte grüne oder braune Linsen (200 g trockene Linsen)
200 g gekochte Hirse (100 g ungekochte Hirse)
4 EL getrocknete Cranberrys
2 Zwiebeln
100 ml Öl und einige EL Öl
2–3 EL Sojasauce
2 Pimentkörner
2 Lorbeerblätter
2 Gewürznelken
¾ TL getrockneter Majoran
½ TL getrocknetes Bohnenkraut
¼ TL getrockneter Liebstöckel
1 Prise geriebene Muskatnuss
Salz
schwarzer Pfeffer

ZUBEREITUNG

- Den Backofen auf 180 °C vorheizen. Zwiebeln würfeln.
- Einige Esslöffel Öl in einer Bratpfanne erhitzen. Zwiebel, Pimentkörner, Lorbeerblätter und Gewürznelken hineingeben und bei schwacher Hitze andünsten, bis die Zwiebeln glasig werden.
- Zwiebeln, Linsen, Hirse, Öl, Sojasauce und Gewürze mischen und mit dem Stabmixer zu einer glatten Paste verarbeiten. Mit Salz und Pfeffer würzen. Preiselbeeren hineinmischen.
- Die Masse in eine mit Backpapier ausgelegte Kastenbackform geben, glätten und 40–45 Minuten lang backen. Über Nacht im Backofen abkühlen lassen, morgens herausnehmen und servieren.

> Preiselbeeren kannst du durch getrocknete Kirschen ersetzen. Würze dann die Pastete zusätzlich mit einer großzügigen Prise Rosmarin.

LINSENPASTETE
MIT SALZGURKEN

Mein Vater hat mir beigebracht, dass Pastete auf einem Stück Brot, belegt mit dicken Salzgurkenscheiben, am besten schmeckt. Aber zu dieser Pastete reicht Brot, denn die Salzgurken sind schon drin, und zwar mit einem ganzen Strauß aromatischer Kräuter.

ZUTATEN

- **400 g** gekochte grüne oder braune Linsen (200 g trockene Linsen)
- **200 g** gekochte Hirse (100 g ungekochte Hirse)
- **2–3** in Salz eingelegte Gurken, geschnitten in feine, gleich große Würfel
- **1** Zwiebel
- **1** Knoblauchzehe
- **100 ml** Öl und einige EL Öl
- **2–3 EL** Sojasauce
- **2** Pimentkörner
- **2** Lorbeerblätter
- **1 TL** getrockneter Dill
- **½ TL** getrocknete Petersilie
- **½ TL** getrockneter Majoran
- **¼ TL** getrockneter Liebstöckel
- **¼ TL** getrocknetes Bohnenkraut
- **1 Msp.** gemahlener Koriander
- Salz
- schwarzer Pfeffer

ZUBEREITUNG

- Den Backofen auf 180 °C vorheizen. Zwiebel würfeln und Knoblauch hacken.
- Öl in einer Bratpfanne erhitzen. Zwiebel, Lorbeerblätter und Pimentkörner dazugeben und bei schwacher Hitze dünsten, bis die Zwiebeln glasig werden. Knoblauch hinzufügen und eine weitere Minute dünsten. Lorbeerblätter und Pimentkörner entfernen.
- Zwiebel, Knoblauch, Linsen, Hirse, Öl, Sojasauce und Gewürze mit einem Stabmixer zu einer sehr glatten Paste verarbeiten. Mit Salz und Pfeffer würzen. Gewürfelte Salzgurken daruntermischen.
- Die Masse in eine mit Backpapier ausgelegte Kastenbackform geben, glätten und 40–45 Minuten backen. Über Nacht im Backofen abkühlen lassen, morgens herausnehmen und servieren.

> Versuche die Gurken in wirklich feine und gleichgrosse Würfel zu schneiden. Anderenfalls lässt sich die Pastete schlecht schneiden.

LINSENSUPPE
AUS POKRZYWNIK 11

Vor einigen Jahren bin ich auf ein am Ende der Welt liegendes Pokrzywnika 11 gestolpert – ein vegetarisches Gästehaus, geführt von Aneta und Stefan. Ich erholte mich dort so gut wie lange nicht mehr und ergatterte zusätzlich einige großartige Rezepte – unter anderem dieses für die Linsensuppe, an dem ich ganz und gar nichts geändert habe.

ZUTATEN

300 g grüne oder braune Linsen
1 Dose geschnittene Tomaten (400 ml)
1 Zwiebel
2 Knoblauchzehen
1 TL gemahlener Kümmel
1 TL gemahlener Zimt
½ TL gemahlener Ingwer
½ TL gemahlener Bockshornklee
¼ TL Kurkuma
¼ TL gemahlene Gewürznelken
¼ TL Chilipulver
2 EL frische oder 1 TL getrocknete Petersilie
1–1,5 L Gemüsebouillon (S. 276)
4 EL Oliven-Bratöl
2–3 EL Zitronensaft
abgeriebene Schale von ½ Zitrone
Salz
schwarzer Pfeffer

Zum Servieren

gehackte frische Petersilie

ZUBEREITUNG

- Zwiebel würfeln und den Knoblauch hacken. Das Öl in einem Topf erhitzen. Zwiebel, Knoblauch und alle Gewürze dazugeben und zwei bis drei Minuten lang dünsten. Linsen dazugeben, mischen, mit Gemüsebouillon aufgießen und bei schwacher Hitze 40–45 Minuten zugedeckt kochen lassen.
- Dosentomaten hinzufügen und wieder aufkochen. Petersilie und Zitronenschale hinzufügen und mit Salz und Pfeffer würzen. Zum Schluss den Zitronensaft dazugießen und umrühren.
- Mit gehackter Petersilie servieren.

> Dieser Suppe lassen sich auch eine rote Paprikaschote, zwei Stangen Staudensellerie oder mehrere getrocknete Tomaten hinzufügen. Sie wird dann feiner und kräftiger nach Gemüse schmecken.

PIROGGEN MIT LINSEN

Piroggen zuzubereiten, ist Teamsport. Am besten bereitet man den Teig und die Füllung zu, lädt sich ein paar Leute ein und macht sich bei Wein und guter Musik gemeinsam an die Arbeit: Ich rolle aus, du stichst Kreise aus, sie drückt sie zusammen, und er kocht sie.

ZUTATEN

Füllung

200 g	grüne oder braune Linsen
1	große Zwiebel
1	Knoblauchzehe
2	Pimentkörner
2	Lorbeerblätter
½ TL	Rohrzucker
½ TL	getrockneter Majoran
½ TL	getrocknete Petersilie
½ TL	getrockneter Liebstöckel
¼ TL	gemahlener Koriander
2 EL	Sojasauce
	Öl
	Salz
	schwarzer Pfeffer

Teig

330 g	Weizenmehl
250 ml	heißes Wasser
2 EL	Öl
	Salz

ZUBEREITUNG

- Linsen in reichlich Wasser 20–40 Minuten lang sehr weich kochen. Am Ende des Garvorgangs salzen.
- Währenddessen Zwiebeln würfeln, Knoblauch hacken.
- Öl in einer Bratpfanne erhitzen. Zwiebel, Knoblauch, Pimentkörner, Lorbeerblätter und Zucker dazugeben und bei schwacher Hitze dünsten, bis die Zwiebel weich geworden ist. Lorbeerblätter und Pimentkörner entfernen.
- Linsen abseihen, die geschmorte Zwiebel und den Knoblauch, Gewürze und Sojasauce dazugeben und mischen. Mit Salz und Pfeffer würzen und abkühlen lassen.
- Alle Zutaten des Teigs mischen und so lange kneten, bis er glatt und geschmeidig ist. Falls der Teig noch zu klebrig sein sollte, Eventuell noch etwas mehr Mehl hinzufügen. Eine Hälfte des Teigs mit einem feuchten Geschirrtuch abdecken und die andere auf einem mit Mehl bestreuten Brett dünn ausrollen.
- Aus dem ausgerollten Teig mit einem (Wein-)Glas Kreise ausstechen. Einen Esslöffel der Füllung in die Mitte jedes Kreises legen. Zu einem Halbkreis zusammenklappen, die Teigränder der Piroggen zusammendrücken und auf eine mit Mehl bestreute Arbeitsplatte legen. Mit einem feuchten Geschirrtuch abdecken. Das Gleiche mit der anderen Hälfte des Teigs machen.
- Salzwasser in einem großen Topf zum Kochen bringen. Piroggen vorsichtig ins Wasser geben und so lange garen, bis sie an die Wasseroberfläche zu steigen beginnen. Mit einem Sieblöffel herausschöpfen, auf die Arbeitsplatte legen und eine Weile abkühlen lassen. Anschließend in eine große Schüssel geben, mit etwas Öl übergießen und die Schüssel so schwenken, dass die Piroggen überall mit Öl benetzt sind. Sofort essen oder einige Tage lang im Kühlschrank aufbewahren.

> Das Wichtigste bei der Zubereitung der Piroggen ist eine gute Arbeitsorganisation. Bereite im Voraus ein paar frische Geschirrtücher vor, eine Arbeitsfläche und eine Schüssel mit Mehl zum Bestreuen. Stelle sicher, dass du genügend Platz hast, um zuerst die ungekochten und dann die gekochten Piroggen abzulegen, und bereite eine große Schüssel für die Teigtaschen vor.

LINSEN
MIT KÜRBIS UND GERÄUCHERTEM PAPRIKAPULVER

Belugalinsen verwende ich gerne in Eintöpfen und Suppen. Im Gegensatz zu anderen Linsensorten zerfallen sie nicht beim Kochen und schmecken schön nussig.

ZUTATEN

450 g	Belugalinsen, 1 Stunde lang in heißem Wasser eingeweicht
1 L	Wasser
½	Hokkaidokürbis (500 g)
2 Stangen	Staudensellerie
1	rote Zwiebel
1 Bund	Grünkohl (5 Blätter)
2	Knoblauchzehen
2 Dosen	Tomaten (jeweils 400 ml)
2	Lorbeerblätter
1½ TL	geräuchertes Paprikapulver
¾ TL	Chilipulver
¼ TL	gemahlener Zimt
einige EL	Öl
	Salz
	schwarzer Pfeffer

ZUBEREITUNG

- Linsen mit Wasser zugedeckt 30–45 Minuten lang kochen, bis sie weich geworden sind.
- Kürbis entkernen und in etwa ein bis zwei Zentimeter große Würfel schneiden. Zwiebel würfeln, den Knoblauch hacken, Staudensellerie in dünne Scheiben schneiden, den harten Strunk und Rippen von Grünkohlblättern entfernen und die Blätter klein hacken.
- Öl in einem Topf mit dickem Boden erhitzen. Das gehackte Gemüse und Lorbeerblätter hinzufügen und 10–15 Minuten dünsten lassen. Den Knoblauch hinzufügen und eine weitere Minute dünsten. Dosentomaten, geräuchertes Paprikapulver, Chilipulver, gemahlenen Zimt und eine Prise Salz hinzufügen, mischen und zehn weitere Minuten köcheln lassen.
- Linsen hinzufügen, gründlich mischen und zehn Minuten kochen. Mit Salz und einer großzügigen Menge Pfeffer abschmecken. Mit Buchweizengrütze, Reis oder leckerem Brot servieren.

> Anstelle eines Hokkaidokürbisses kannst du auch einen Moschus-Kürbis oder einen anderen harten Kürbis mit orangefarbenem Fruchtfleisch verwenden. Du musst ihn nur schälen, sonst bleibt er hart.

HUMMUS

Dies ist ein Rezept, für das ich den ganzen Weg nach Israel gegangen bin. Vor Ort habe ich literweise Hummus gegessen, befragte Dutzende Menschen und schaute in den Küchenbereich vieler Hummusrestaurants. Wie sich herausstellte, liegt das Geheimnis des guten Hummus in der großen Menge guten Tahins und eiskaltem Wasser.

KLASSISCHER HUMMUS

ZUTATEN

250 g getrocknete Kichererbsen
250 ml weiße Tahina
2 Knoblauchzehen
85 ml eiskaltes Wasser
3 EL Zitronensaft
1 TL Natron
Salz

Zum Servieren

nativesOlivenöl extra
gehackte frische Petersilie
süßes Paprikapulver oder Zatar (S. 282)

ZUBEREITUNG

- Am Vortag Kichererbsen in 500 Milliliter kaltem Wasser, mit einem halben Teelöffel Natron, über Nacht einweichen.
- Am nächsten Tag die Kichererbsen abseihen, ausspülen, anschließend mit einem halben Teelöffel Natron und viel Wasser aufkochen und bei schwacher Hitze ca. 40 Minuten köcheln lassen, bis sich die Kichererbsen zwischen den Fingern leicht zerdrücken lassen und innen butterweich sind.
- Die gekochten Kichererbsen abseihen und ausspülen. Tahina, gehackten Knoblauch und Zitronensaft hinzufügen und mit einem Stabmixer zu einer sehr glatten Paste verarbeiten. Zu der dickflüssigen Paste langsam das eiskalte Wasser hinzufügen, dabei ständig umrühren. Ist die gesamte Wassermenge hinzugegeben, zwei bis drei Minuten lang mixen, bis sich die Paste mit dem Wasser perfekt vermischt hat.
- Den fertigen Hummus kühlen. Mit nativem Olivenöl extra beträufeln und mit Petersilie, süßem Paprikapulver oder Zatar garnieren. Mit frischem Brot oder rohem, in Stifte geschnittenem Gemüse servieren.

ROTE-BETE-HUMMUS

ZUTATEN

250 g getrocknete Kichererbsen
125 ml Tahina
1 mittelgroße Knolle Rote Bete
1–2 Knoblauchzehen
2–4 EL eiskaltes Wasser
1 TL Natron
Saft von ½ Zitrone
Salz

Zum Servieren
einige EL natives Olivenöl extra
Schwarzkümmel oder Zatar (S. 282)

ZUBEREITUNG

- Am Vortag die Kichererbsen in 500 Milliliter kaltem Wasser, mit einem halben Teelöffel Natron, über Nacht einweichen.
- Am nächsten Tag die Kichererbsen abseihen, ausspülen, anschließend mit einem halben Teelöffel Natron und viel Wasser aufkochen und bei schwacher Hitze ca. 40 Minuten köcheln lassen, bis sich die Kichererbsen zwischen den Fingern leicht zerdrücken lassen und innen butterweich sind.
- In der Zwischenzeit den Backofen auf 200 °C vorheizen. Rote Bete putzen, in Backpapier einwickeln und 30–40 Minuten backen. Anschließend aus der Umhüllung nehmen, abkühlen lassen, schälen und vierteln.
- Die gekochten Kichererbsen abseihen und ausspülen. Tahina, gehackten Knoblauch und Zitronensaft hinzufügen und mit einem Stabmixer zu einer sehr glatten Paste verarbeiten. Rote Bete hinzufügen und noch einmal mixen, anschließend langsam das kalte Wasser hinzufügen, dabei ständig umrühren. Ist die gesamte Wassermenge hinzugegeben, zwei bis drei Minuten lang mixen, bis sich die Paste mit dem Wasser perfekt vermischt hat.
- Den fertigen Hummus kühlen. Mit nativem Olivenöl extra beträufeln und mit Schwarzkümmel oder Zatar garnieren. Mit frischem Brot oder rohem, in Stifte geschnittenem Gemüse servieren.

KÜRBIS-HUMMUS

ZUTATEN

250 g	getrocknete Kichererbsen
125 ml	Tahina
½	Hokkaidokürbis (500 g)
1–2	Knoblauchzehen
2–4 EL	eiskaltes Wasser
1 TL	Natron
	Saft von ½ Zitrone
	Salz

Zum Servieren

einige EL	natives Olivenöl extra
	Sumach

ZUBEREITUNG

- Am Vortag die Kichererbsen in 500 Milliliter kaltem Wasser, mit einem halben Teelöffel Natron, über Nacht einweichen.
- Am nächsten Tag die Kichererbsen abseihen und ausspülen, anschließend mit einem halben Teelöffel Natron und viel Wasser aufkochen und bei schwacher Hitze ca. 40 Minuten köcheln lassen, bis sich die Kichererbsen zwischen den Fingern leicht zerdrücken lassen und innen butterweich sind.
- In der Zwischenzeit den Backofen auf 200 °C vorheizen. Den Kürbis auf ein mit Backpapier ausgelegtes Backblech mit der Schale nach oben legen und 20–25 Minuten backen, bis er mit schwarzen Blasen bedeckt ist, anschließend abkühlen lassen und schneiden.
- Die gekochten Kichererbsen abseihen und ausspülen. Tahina, gehackten Knoblauch und Zitronensaft hinzufügen und mit einem Stabmixer zu einer sehr glatten Paste verarbeiten. Kürbis hinzufügen und noch einmal mixen, anschließend langsam das eiskalte Wasser hinzufügen, dabei ständig umrühren. Ist die gesamte Wassermenge eingefüllt, zwei bis drei Minuten lang mixen, bis sich die Paste mit dem Wasser perfekt vermischt hat.
- Den fertigen Hummus kühlen. Mit nativem Olivenöl extra beträufeln und mit Sumach garnieren. Mit frischem Brot oder rohem, in Stifte geschnittenem Gemüse servieren.

Denk daran – das ist sehr wichtig! –, die Kichererbsen nicht zu salzen und das Natron hinzuzufügen. Andernfalls müssen die Kichererbsen sogar über drei Stunden lang kochen. Bei der Auswahl der Tahina halte Ausschau nach der israelischen oder libanesischen Variante und vermeide die türkische, weil sie geschmacklich schlechter abschneidet.

FALAFEL

Ein weiteres aus Israel mitgebrachtes Rezept. In diesem Fall liegt das Geheimnis in den richtig gemahlenen Kichererbsen, und so wird ein Fleischwolf benötigt, um die Falafel zuzubereiten. Wenn du keinen besitzt, leihe ihn von deiner Mutter oder deiner Oma – wie ich es immer noch tue.

ZUTATEN

400 g	trockene Kichererbsen, über Nacht in kaltem Wasser eingeweicht
1	kleine Zwiebel
2	Knoblauchzehen
4 EL	gehackte frische Petersilie
4 EL	gehackter frischer Koriander
2 TL	gemahlener Kreuzkümmel
¾ TL	gemahlener Zimt
½ TL	gemahlener Koriander
½ TL	Chilipulver
¼ TL	gemahlener Kardamom
½ TL	Natron
1 TL	Salz
	Öl, am besten Traubenkernöl oder Reiskeimöl

ZUBEREITUNG

- Eingeweichte Kichererbsen abseihen, ausspülen und in einem Fleischwolf, zusammen mit Zwiebel und Knoblauch, zerkleinern.
- In die Mischung Petersilie, Koriander, Gewürze, Natron und Salz geben. Alles gut vermischen, ein bis zwei Esslöffel Wasser hinzugeben und erneut mischen (die Masse ist fertig, wenn sie sich leicht in den Händen formen lässt). Luftdicht abdecken und für mindestens 30 Minuten in den Kühlschrank stellen.
- Das Öl (zwei bis drei Zentimeter tief) in einer Bratpfanne mit dickem Boden stark erhitzen. Aus einem Esslöffel der Masse kleine, leicht abgeflachte Kugeln formen (es ist wichtig, dass sie sehr kompakt sind, sonst fallen sie auseinander).
- Die Falafel auf jeder Seite zwei bis drei Minuten frittieren, auf einen mit Küchenkrepp bedeckten Teller legen und das überschüssige Fett abtropfen lassen. Mit frischem Gemüse, Salat oder Hummus servieren (S. 213).

Beim Frittieren von Falafeln ist es sehr wichtig, dass das Öl sehr heiß ist: Die Falafel nehmen dann nicht so viel Öl auf, sondern werden goldbraun und knusprig.

ZUCCHINI-PAKORA

Pakora ist ein beliebter indischer Snack: Gemüse frittiert in einem Teig aus Kichererbsenmehl und Wasser. Es bedarf einiger Übung, um sie vorzubereiten. Ich habe mich eines Nachts darin geübt, als ich Dutzende von Portionen während eines indischen Empfangs zum Hochzeitstag briet. Erst dann begannen sie, mir zu gelingen. Also lass dich nicht entmutigen, wenn deine erste Portion nicht locker genug wird und sich der Teig nicht gleichmäßig verteilt – mit der Zeit wird es besser werden.

ZUTATEN

2 Zucchini

Teig

120 g Kichererbsenmehl
250 ml Wasser
1 TL gemahlener Kreuzkümmel
1 TL gemahlener Bockshornklee
¾ TL Kurkuma
½ TL gemahlener Koriander
½ TL Chiliflocken
1 TL Salz
Traubenkernöl, Rapsöl oder Reiskeimöl

ZUBEREITUNG

- Alle Teigzutaten sehr gründlich mischen und für 20 Minuten beiseitestellen. In der Zwischenzeit die Zucchini in fünf Millimeter breite Scheiben schneiden.
- Öl (ca. vier Zentimeter tief) in einer Bratpfanne erhitzen. Etwas Teig in die Bratpfanne geben – wenn er brutzelt, bedeutet dies, dass das Öl heiß genug ist.
- Die Zucchinischeiben in den Teig tauchen, vorsichtig in eine Bratpfanne geben und zwei bis vier Minuten frittieren, indem man sie ca. alle zehn Sekunden dreht (dadurch werden sie nicht nur gleichmäßig goldbraun, sondern auch locker).
- Frittierte Zucchinischeiben sollten zum Abtropfen auf ein Papiertuch gelegt werden. Heiß, mit dem Lieblingschutney oder einer anderen Sauce, servieren.

Und noch ein paar Tipps: Kichererbsenmehl kann in Lebensmittelgeschäften mit asiatischen Produkten, in Bioläden und gut sortierten Supermärkten gekauft werden – eine Packung reicht für mehrere Zubereitungen. Wenn der Teig während der Vorbereitung der Pakora dicker wird, füge etwas Wasser hinzu. Sobald du die Zubereitung der Zucchini-Pakoras gemeistert hast, probiere anderes Gemüse aus, z. B. Zwiebelscheiben, abgebrühte Kartoffeln oder Blumenkohlröschen. Anstelle einer Bratpfanne kannst du einen Wok verwenden.

WALDPILZPASTETCHEN

Statt in einer Kastenbackform gelingt dir die Pastetenmischung auch in einer Muffinbackform. Diese Pastetchen sind viel schneller gebacken und kühlen schneller ab.

ZUTATEN

450 g	kleine weiße Bohnen, über Nacht in kaltem Wasser eingeweicht
20 g	getrocknete Waldpilze, über Nacht in kaltem Wasser eingeweicht
80 g	Hafermehl oder gemahlene Haferflocken
2	große Zwiebeln
2	Knoblauchzehen
2	Pimentkörner
1	Lorbeerblatt
2 TL	getrockneter Majoran
1 TL	getrockneter Thymian
½ TL	getrockneter Dill
½ TL	getrocknetes Bohnenkraut
1–2 Prisen	geriebene Muskatnuss
2 EL	Sojasauce
1 TL	Senf
100 ml	Öl und einige EL Öl
	Salz
	schwarzer Pfeffer

ZUBEREITUNG

- Bohnen abseihen und abspülen. Mit den Waldpilzen, dem Wasser, in dem sie eingeweicht wurden, und zusätzlichen 750 Milliliter ungesalzenem Wasser 40–60 Minuten kochen, bis die Bohnen weich geworden sind.
- Zwiebeln in Streifen schneiden und Knoblauch hacken. Öl in einer Bratpfanne erhitzen. Zwiebel, Pimentkörner und Lorbeerblätter hinzufügen und bei schwacher Hitze andünsten, bis die Zwiebeln glasig werden. Pimentkörner und Lorbeerblätter entfernen.
- Den Backofen auf 180 °C vorheizen. Die gekochten Bohnen abspülen und abkühlen lassen. Zwiebel mit dem Rest der Zutaten im Fleischwolf oder mit dem Stabmixer verarbeiten. Mit Salz und Pfeffer würzen.
- Die Pastetenmasse in die mit Öl bestrichene Muffinbackform geben und 25–35 Minuten backen, bis die Pastetchen gleichmäßig goldfarben sind. Abkühlen lassen und mit wikła (Rote-Bete-Meerrettich-Sauce) oder anderen Beilagen servieren.

Auf die gleiche Weise kannst du auch die Linsenpastete mit Cranberrys (S. 203) oder eine andere Pastete zubereiten.

BOHNENSCHMALZ

Dieses Rezept wurde auf meinem Blog von Tausenden von Menschen gelesen. Zahlreich ist auch der Kreis der Bewunderer dieses Schmalzes, das – ähnlich wie das traditionelle Schmalz – am besten mit einem Stück Brot und einer Salzgurke schmeckt.

ZUTATEN

1 Dose Bohnen (400 ml) oder 125 g trockene Bohnen, eingeweicht und gekocht
2 Zwiebeln
4 Trockenpflaumen
2 Lorbeerblätter
1 Pimentkorn
1 Wacholderbeere
1 Gewürznelke
½ TL getrockneter Majoran
60 ml kaltes Wasser
1 EL Sojasauce
feines Öl
Salz
frisch gemahlener schwarzer Pfeffer

ZUBEREITUNG

- Die Zwiebeln würfeln und die Trockenpflaumen in kleine Stückchen schneiden. Öl in einer Bratpfanne erhitzen. Zwiebeln, Lorbeerblätter, Pimentkorn, Wacholderbeere und Gewürznelke dazugeben und bei schwacher Hitze andünsten, bis die Zwiebel goldgelb geworden ist. Gewürze herausnehmen.
- Bohnen mit Majoran, einer großzügigen Prise Salz und Pfeffer, Wasser und Sojasauce mischen und mit einem Stabmixer pürieren.
- Zwiebeln und Trockenpflaumen hinzufügen und eine Weile bei niedriger Geschwindigkeit mixen, sodass sich die Zutaten verbinden, aber die Zwiebeln und Trockenpflaumen nicht zu einer Paste zerkleinert werden (die Stückchen sollten wahrnehmbar sein). Mit Salz und Pfeffer würzen, eventuell können noch einige Tropfen Sojasauce hinzugefügt werden. Am besten schmeckt es gekühlt.

Probiere auch ein ebenso gutes Schmalz aus Bohnen mit Apfel: Füge den gedünsteten Zwiebeln einen geschälten, gewürfelten Apfel und eine Prise getrockneten Liebstöckel hinzu. Lasse die Trockenpflaumen weg.

BOHNENDIP
MIT LIMETTE

Limettendip aus schwarzen Bohnen ist die beste Ergänzung zu Tacos, Nachos oder einem Sandwich mexikanischer Art.

ZUTATEN

1 Dose schwarze Bohnen (400 ml) oder 125 g trockene schwarze Bohnen, eingeweicht und gekocht
1 rote Zwiebel
2 Knoblauchzehen
1 Bund frischer Koriander
1 TL süßes Paprikapulver
½ TL Chilipulver
½ TL gemahlener Kreuzkümmel
einige EL Öl
Saft von ½ Limette
Salz

ZUBEREITUNG

- Zwiebel in Streifen schneiden, Knoblauch hacken. Öl in einer Bratpfanne erhitzen. Zwiebel hinzufügen und ein bis zwei Minuten dünsten. Knoblauch und Gewürze hinzufügen, gründlich mischen und eine weitere Minute dünsten.
- Mit den anderen Zutaten vermengen und mit dem Stabmixer zu einer glatten Paste verarbeiten. Mit Salz würzen.

Du kannst die schwarzen Bohnen auch durch rote Bohnen ersetzen, die einfacher erhältlich sind.

ERBSENSUPPE
WIE BEI DER ARMEE

Als ich ein Kind war, fuhr ich jedes Jahr mit meinen Eltern in unserem braunen Polonez an die Ostseeküste. Und wir hielten immer für eine Erbsensuppe militärischer Art an, die am Straßenrand verkauft wurde. Ich habe Wurststücke aus meiner Schüssel herausgefischt und gab sie meinem Vater im Austausch für einen Brotkanten. Aus meiner eigenen Erbsensuppe muss ich nichts mehr herausfischen, denn auch wenn sie einen ähnlichen Geschmack wie die Suppe damals hat, schwimmt keine Wurst mehr darin.

ZUTATEN

500 g Erbsen, 1 Stunde lang in heißem Wasser eingeweicht
2 Kartoffeln
1 Karotte
1 Zwiebel
¼ Knolle Sellerie
2 Knoblauchzehen
4 Pimentkörner
4 Lorbeerblätter
1 EL getrockneter Majoran
1 TL geräuchertes Paprikapulver
½ TL getrockneter Liebstöckel
½ TL gemahlener Koriander
2 EL Sojasauce
4 EL Öl
Salz
schwarzer Pfeffer

ZUBEREITUNG

- Kartoffeln, Karotten, Zwiebeln und Sellerieknolle fein würfeln und den Knoblauch hacken.
- Das Öl in einem Topf erhitzen. Zwiebel, Knoblauch, Pimentkörner, Lorbeerblätter und geräuchertes Paprikapulver hineingeben und bei schwacher Hitze fünf Minuten dünsten. Das gehackte Gemüse und Gewürze hinzufügen, gründlich mischen und fünf Minuten dünsten.
- Die Bohnen mit dem Einweichwasser und Sojasauce hinzufügen und eine Stunde zugedeckt kochen. Zum Schluss mit Salz und Pfeffer würzen, eventuell können einige Tropfen Sojasauce hinzugefügt werden. Obligatorisch mit einem großen Stück Brot servieren.

> Das geräucherte Paprikapulver ist in diesem Rezept essenziell. Dank ihm hat die Erbsensuppe einen wunderbaren Rauchgeschmack, der mit der Gulaschkanone in Verbindung gebracht wird.

Tofu und Tempeh

RÜHRTOFU

Lass dich von dem seltsam klingenden Namen nicht entmutigen. Rührtofu ist ein „Rührei“ aus gebratenem Tofu. Ähnlich wie sein Eiäquivalent ist auch dieser sättigend, schnell in der Zubereitung und schmeckt hervorragend mit Brot.

ZUTATEN

1 Block	Naturtofu (180 g)
1–2 EL	Hefeflocken
½ TL	Schwarzsalz (Kala Namak)
1 Msp.	Kurkuma
60 ml	Wasser
einige EL	Öl
	frisch gemahlener schwarzer Pfeffer

Zum Servieren

gehackter frischer Schnittlauch
frisch gemahlener schwarzer Pfeffer

ZUBEREITUNG

- Öl in einer Bratpfanne erhitzen. Den mit den Händen zerbröselten Tofu in die Bratpfanne geben und so lange anbraten, bis er leicht gebräunt ist.
- Hefeflocken, Salz, Kurkuma und Pfeffer hinzufügen, gründlich mischen, Wasser dazugießen und so lange dünsten, bis das Wasser verdampft ist, und dann noch eine Weile weiterbraten. Mit Schnittlauch und schwarzem Pfeffer bestreut und mit dem Lieblingsbrot servieren.

Hefeflocken und Schwarzsalz dürfen hier nicht fehlen, weil sie die Zutaten sind, die dem Rührtofu den Eigeschmack verleihen. Sobald du dich mit diesen Zutaten eingedeckt hast, bereite den Rührtofu in verschiedenen Varianten zu, z. B. mit Pfifferlingen, Tomaten oder – das ist mein Favorit! – mit roten Zwiebeln und getrockneten Tomaten.

VIETNAMIESISCHES BAGUETTE
MIT TOFU

Bánh mì, also vietnamesisches Baguette mit fernöstlichen Zutaten, ist das Erbe der kolonialen Präsenz der Franzosen in Asien. Frische Baguettes werden in zwei Hälften geschnitten und mit Gemüse, einer proteinreichen Einlage, frischen Kräuter und Saucen gefüllt – und an Straßenständen verkauft.

ZUTATEN

1 Block Naturtofu (180 g)
2 Karotten
1 Gurke
Öl

Marinade für das Gemüse

½ entkernte Chilischote, in dünne Scheiben geschnitten
4 EL Reisessig
4 EL Wasser
2 EL Agavendicksaft

Marinade für den Tofu

2 EL Sojasauce
1 TL Agavendicksaft
¼ TL Chilipulver
¼ TL gemahlener Ingwer

1 Baguette
1 Bund frische Minze
1 Bund frischer Koriander
1 Handvoll Salatblätter, in Stücke gezupft
Erdnusscreme

ZUBEREITUNG

- Karotten und Gurken mit einem Julienne- oder Sparschäler in dünne Streifen schneiden. Alle Zutaten der Gemüsemarinade in einer Tasse verrühren, über das Gemüse gießen und für eine Stunde in den Kühlschrank stellen.
- Alle Zutaten der Tofumarinade in einer Tasse mischen. Tofu würfeln und mit der Marinade übergießen, in einem dicht verschlossenen Behälter für eine Stunde in den Kühlschrank stellen.
- Den marinierten Tofu abseihen, die Marinade aber nicht wegschütten. Öl in einer Bratpfanne stark erhitzen. Tofu hinzufügen und zwei bis drei Minuten dünsten, dabei die Bratpfanne schwenken. Wenn der Tofu anfängt, goldfarben zu werden, die restliche Tofumarinade dazugießen und zwei bis drei Minuten dünsten, bis sie verdampft ist. Auf einen mit Küchenkrepp bedeckten Teller legen und das überschüssige Fett abtropfen lassen. Das marinierte Gemüse abseihen.
- Das Baguette längs halbieren und dann in vier kleinere Sandwiches teilen. Beide Hälften der Sandwiches dünn mit Erdnusscreme einstreichen. Auf die unteren Hälften Salat, mariniertes Gemüse, gebratenen Tofu und Kräuterblätter legen. Mit den oberen Hälften abdecken und andrücken.

Diese Sandwiches sind ideal für Picknicks oder Ausflüge. Denn selbst wenn sie ein paar Stunden in deinem Rucksack eingequetscht liegen, hören sie nicht auf, lecker zu schmecken. Und zusätzlich, dank Tofu und Erdnusscreme, sättigen sie wirklich lange.

EIERLOSE EIERPASTE

Dies ist eine Paste, die ich zum ersten Mal vor einigen Jahren in einem angesagten veganen Berliner Restaurant gegessen habe. Ich erinnere mich noch heute daran, wie es mir nach dem ersten Biss die Sprache verschlagen hatte: Wurde diese Paste wirklich ohne Eier hergestellt?

ZUTATEN

1 Block	Naturtofu (180 g)
3 EL	vegane Mayonnaise (S. 279)
1 EL	gehackter frischer Schnittlauch
2 TL	Senf
1 – 1½ TL	Schwarzsalz (Kala Namak)
1 EL	Hefeflocken
½ TL	Agavendicksaft, eventuell 1 Prise Puderzucker
1 – 2 Prisen	Kurkuma
1 – 2 Prisen	schwarzer Pfeffer

ZUBEREITUNG

- Vegane Mayonnaise, Senf, Schwarzsalz, Hefeflocken, Agavendicksaft, Kurkuma und Pfeffer in einer Tasse mischen.
- Den Tofu in Stücke schneiden, den Inhalt der Tasse dazugeben und mit einem Stabmixer zu einer glatten Paste pürieren.
- Zum Schluss den Schnittlauch unterrühren. Mit dem Lieblingsbrot und frischen Tomaten oder einer Extraportion Schnittlauch servieren.

Probiere diese Paste auch mal mit ein wenig Curry und einer entkernten Chilischote oder einer halben Stange Staudensellerie und einem Stück Essiggurke.

FISCHLOSE FISCHPASTE

Diese Paste habe ich speziell für meinen Vater kreiert – den weltgrößten Liebhaber geräucherter Makrelen. Dank des geräucherten Tofu und der Algen hat sie einen maritimen Duft und Fischgeschmack.

ZUTATEN

1 Block	Räuchertofu (180 g)
1	Noriblatt
4 EL	vegane Mayonnaise (S. 279)
2 TL	Senf
1 EL	heißes Wasser
1 EL	Sojasauce
½ TL	Agavendicksaft, eventuell 1 Prise Puderzucker
1 EL	gehackter frischer Schnittlauch
	Salz
	schwarzer Pfeffer

ZUBEREITUNG

- Das Noriblatt zerkleinern und mit Wasser übergießen. In einer Tasse die vegane Mayonnaise, Senf, Sojasauce, Agavendicksaft und eine großzügige Prise schwarzen Pfeffer vermischen.
- Den Tofu in mehrere Stücke schneiden, den Inhalt der Tasse und die eingeweichten Algen hinzufügen. Mit dem Stabmixer zu einer glatten Paste pürieren. Mit Salz und Pfeffer würzen.
- Zum Schluss den Schnittlauch unterrühren. Mit dem Lieblingsbrot und frischen Tomaten oder einer Extraportion Schnittlauch servieren.

Anstelle der veganen Mayonnaise lässt sich eine halbe reife Avocado verwenden.

TOFU IN RAUCHTEE
MIT GRÜNEM GEMÜSE

Der berühmte schwarze Rauchtee – Lapsang Souchong – hat einen sehr charakteristischen, intensiven Geschmack und ein leicht rauchiges Aroma. Tofu gebraten in der Marinade aus diesem Tee schmeckt einfach unglaublich!

ZUTATEN

2 Blöcke Naturtofu (jeweils 180 g)

Marinade

125 ml gekühlter, starker Lapsang-Souchong-Tee
2 EL Sojasauce
1 EL Agavendicksaft
1 Knoblauchzehe, gehackt
2 cm Ingwerknolle, gehackt
½ entkernte Chilischote, in Scheiben geschnitten

1 Brokkoli
2–3 EL gehackter frischer Schnittlauch

1–2 EL Öl
Salz

ZUBEREITUNG

- Alle Zutaten der Marinade in einer Tasse verrühren. Den Tofu in große Würfel schneiden, mit der Marinade übergießen und für eine Stunde in den Kühlschrank stellen.
- In einem Topf Salzwasser aufkochen. Brokkoliröschen hinzufügen, zwei bis vier Minuten kochen und dann abseihen.
- Den marinierten Tofu abseihen, die Marinade aber nicht wegschütten. Das Öl in einer Bratpfanne stark erhitzen. Tofu hinzufügen und ein bis zwei Minuten von jeder Seite anbraten. Die Marinade dazugießen, die Hitze erhöhen und drei bis fünf Minuten stark köcheln lassen, bis die Marinade verdampft ist. Zusammen mit dem mit Schnittlauch garnierten Brokkoli und eventuell mit Reis servieren.

Der Lapsang-Souchong-Tee darf in diesem Rezept nicht fehlen oder ersetzt werden. Er kann in guten Teegeschäften oder im Internet gekauft werden. Sobald du dich damit eingedeckt hast, wirst du den Tofu jeden Tag zubereiten wollen, weil er so gut auf Sandwiches und in Suppen schmeckt.

GULASCH AUS GEBACKENEM GEMÜSE
MIT VEGANEN TOFUBÄLLCHEN

Süßes, gebackenes Gemüse in einer dicken Tomatensauce, und dazu knusprige Kräuter-Tofubällchen. Wer möchte probieren?

ZUTATEN

Tofubällchen

1 Block Naturtofu (180 g)
50 g Hirseflocken
3 EL Sojasauce
1 EL Mandelcreme oder Erdnusscreme
½ TL scharfes Paprikapulver
½ TL geräuchertes Paprikapulver
½ TL Basilikum
½ TL getrockneter Oregano
½ TL getrockneter Thymian
Salz
schwarzer Pfeffer

Gulasch

1 kg Tomaten
2 Paprikaschoten
1 Aubergine
1 rote Zwiebel
3 Knoblauchzehen
½ TL scharfes Paprikapulver
½ TL süßes Paprikapulver
¼ TL gemahlener Zimt
Salz
schwarzer Pfeffer
Oliven-Bratöl

ZUBEREITUNG

- Den Backofen auf 200 °C vorheizen. Halbierte und entkernte Paprikaschoten, die in Backpapier eingewickelte Aubergine und den Knoblauch in der Schale auf ein mit Backpapier ausgelegtes Backblech legen und 25–30 Minuten backen.
- In der Zwischenzeit Tomaten abbrühen, häuten und die Zwiebel würfeln. Olivenöl in einem Topf erhitzen. Zwiebel, scharfes und süßes Paprikapulver sowie gemahlenen Zimt hinzugeben, alles mischen und bei schwacher Hitze einige Minuten dünsten lassen. Die Tomaten dazugeben und bei schwacher Hitze 30 Minuten köcheln lassen.
- Den Tofu grob würfeln, die anderen Zutaten der Tofubällchen hinzufügen und mit dem Stabmixer zu einer glatten Paste pürieren. Mit Salz und Pfeffer würzen, dann walnussgroße Kugeln formen und beiseitelegen.
- Einige Esslöffel Olivenöl in einer Bratpfanne erhitzen. Die Tofubällchen etwa eine Minute lang goldbraun braten, ab und zu umdrehen. Die gebratenen Tofubällchen auf einen mit Küchenkrepp bedeckten Teller legen und das überschüssige Fett abtropfen lassen.
- Die gerösteten Paprikaschoten schälen und würfeln, die Aubergine in Würfel schneiden und den Knoblauch aus der Schale drücken und hacken. Das Gemüse in den Topf mit den Tomaten geben und alles mischen. Mit Salz und Pfeffer würzen. Die Tofubällchen dazugeben und eine Weile köcheln lassen, dann sofort servieren.

Auch geröstete Zucchini oder Karotten können in den pflanzlichen Gulasch gegeben werden.

VEGANER SCHOKO-KÄSEKUCHEN

Sagt man „Tofu-Käsekuchen“ oder „veganer Cheesecake“? Wenn du Debatten zu diesem Thema führen möchtest, so solltest du das lieber tun, bevor du den Kuchen gekostet hast, denn schon nach dem ersten Biss werden solche Fragen völlig ihre Bedeutung verlieren.

ZUTATEN

Kuchenboden

150 g	Schokoladenkekse
3 EL	Kokosöl
1½ EL	Erdnusscreme

Füllung

3 Blöcke	Naturtofu (jeweils 180 g)
2 EL	Zitronensaft
1 TL	Vanillepaste oder Vanilleextrakt
250 ml	Pflanzenmilch
2 Tafeln	Bitterschokolade (200 g)
120–170 g	Rohrzucker
4 EL	Kakaopulver
2½ TL	Agar-Agar
1 Prise	Salz

Schokoladenguss

½ Tafel	Bitterschokolade (50 g)
125 ml	Kokosmilch
1 TL	Kakaopulver
½ TL	löslicher Kaffee

ZUBEREITUNG

- Alle Zutaten für den Kuchenboden in einem Zerkleinerer verarbeiten. Die Mischung gleichmäßig in einer mit Backpapier ausgelegten Springform verteilen und zum Festwerden in den Kühlschrank stellen.
- Tofu in einer Schüssel zerdrücken, Zitronensaft, Vanilleextrakt und Salz hinzufügen und mit einem Stabmixer pürieren.
- Pflanzenmilch, Schokolade, Zucker, Kakaopulver und Agar-Agar in einer Stielkasserolle vermengen und erwärmen, dabei die ganze Zeit umrühren, bis die Schokolade geschmolzen ist und die Masse anfängt zu köcheln, danach noch weitere ein bis zwei Minuten kochen lassen.
- Den Inhalt der Stielkasserolle in die Schüssel mit Tofu gießen und mit dem Stabmixer zu einer geschmeidigen Creme pürieren. Die Creme in die Springform gießen und für mindestens zwei bis drei Stunden in den Kühlschrank stellen.
- Alle Zutaten des Schokoladengusses in eine Stielkasserolle geben und unter ständigem Rühren erwärmen, bis die Schokolade geschmolzen ist, und danach weitere ein bis zwei Minuten köcheln lassen. Fünf bis acht Minuten lang abkühlen und anschließend über den Kuchen gießen. Im Kühlschrank abkühlen lassen, bis der Schokoladenguss fest geworden ist.

> Auf der Grundlage dieses Rezeptes kannst du verschiedene Versionen des veganen Käsekuchens zubereiten. Wenn du Gluten meidest, stelle den Kuchenboden aus Nüssen und Datteln her. Gib eine Handvoll Himbeeren oder Kirschen der Tofumasse zu und füge dem Schokoladenguss eine Prise Chilipulver oder abgeriebene Schale eines Orangenviertels hinzu.

BELEGTE BROTE
MIT GEBRATENEM TEMPEH

Wenn ich ein einziges Produkt wählen müsste, das ich in meinem Kühlschrank immer haben sollte, wäre es Tempeh. Dieser Verwandte des Tofu wird aus ganzen Sojabohnen hergestellt, die fermentiert und zu flachen Blöcken geformt werden. Frischer Tempeh hat grundsätzlich keinen Geschmack, aber mariniert und frittiert ist er die perfekte Zutat für Sandwiches.

ZUTATEN

1 Block Tempeh (200 g)

Marinade

4 EL Sojasauce
1 EL Ahornsirup oder Agavendicksaft
2–3 EL Wasser
½ TL Chilipulver
½ TL geräuchertes Paprikapulver
Öl

Zum Servieren

Brot
Pesto aus getrockneten Tomaten (S. 131)
Avocado

ZUBEREITUNG

- Tempeh in fünf Millimeter breite Scheiben schneiden und in einen Lebensmittelbehälter legen.
- Alle Zutaten der Marinade in einer Tasse verrühren, über den Tempeh gießen und mindestens eine Stunde lang im Kühlschrank ziehen lassen.
- Den marinierten Tempeh abseihen, die Marinade aber nicht wegschütten.
- Das Öl in einer Bratpfanne stark erhitzen, den geschnittenen Tempeh eng nebeneinander in der Bratpfanne anordnen und auf jeder Seite ein bis zwei Minuten braten. Die gesamte Marinade dazugeben, die Hitze erhöhen und dünsten, bis die Marinade verdampft ist, anschließend auf einen mit Küchenkrepp belegten Teller legen und das überschüssige Fett abtropfen lassen.
- Pesto aus getrockneten Tomaten auf dem Brot verstreichen und die Tempeh- und Avocadoscheiben darauf anrichten. Den verbleibenden Tempeh im Kühlschrank in einem dicht verschlossenen Gefäß bis zu einer Woche lang aufbewahren.

> Tempeh ist in Bioläden und in Lebensmittelgeschäften mit asiatischen Produkten erhältlich. Kaufe am besten gleich eine größere Menge – man kann ihn gut einfrieren.

GULASCH AUS TEMPEH UND SÜẞKARTOFFELN
MIT BIER

Wenn du Gäste erwartest, die dem Vegetarismus gegenüber skeptisch eingestellt sind, und du gerade geräucherten Tempeh gekauft hast, besorge noch den Rest der Zutaten und bereite diesen pflanzlichen Gulasch zu. Von nun an werden deine Bekannten mit Sicherheit kein schlechtes Wort mehr über Vegetarier sagen.

ZUTATEN

2 Süßkartoffeln (800 g)
2 EL Öl
Salz
schwarzer Pfeffer
2 Blöcke geräucherter Tempeh (jeweils 200 g)
1 gelbe Paprikaschote
1 rote Zwiebel
2 Knoblauchzehen
½ entkernte Chilischote
½ TL geräuchertes Paprikapulver
½ TL gemahlener Kreuzkümmel
1 Msp. gemahlener Koriander
Öl
250 ml Tomatenmark
250 ml Guinness (Bier)
1 EL Ahornsirup
Salz
schwarzer Pfeffer

Zum Servieren

Avocado
gehackter frischer Koriander

ZUBEREITUNG

- Den Backofen auf 200 °C vorheizen. Die Süßkartoffeln schälen und grob würfeln, auf ein mit Backpapier ausgelegtes Backblech legen und gründlich mit Öl bestreichen. Mit Salz und Pfeffer bestreuen und 20–30 Minuten backen.
- Tempeh und die entkernte Paprikaschote grob würfeln und Zwiebel in Streifen schneiden. Knoblauch und Chilischote hacken.
- Öl in einem Topf erhitzen. Knoblauch und Chilischote dazugeben und für 30 Sekunden dünsten. Das gehackte Gemüse und die Gewürze hinzufügen und fünf bis sieben Minuten lang schmoren lassen. Tomatenmark, Bier, Ahornsirup und eine Prise Salz dazugeben und bei mittlerer Hitze weitere 20 Minuten lang schmoren lassen. Mit Salz und Pfeffer würzen. Mit den gebackenen Süßkartoffeln und Avocadoscheiben servieren und mit Koriander garnieren.

Süsskartoffeln, auch Bataten genannt, können in der Kürbissaison gegen Hokkaidokürbis getauscht werden.

Trockenobst, Samen und Getreide

GETROCKNETE APRIKOSEN

SONNENBLUMENKERNE

BUCHWEIZENFLOCKEN

GETROCKNETE FEIGEN

GETREIDEKAFFEE

CASHEWKERNE

HEFEFLOCKEN

HASELNÜSSE

MANDELN

DATTELN

MANDELCREME
MIT VANILLE

Selbst gemachte Nusscreme – nichts einfacher als das! Die Nüsse einfach in den Zerkleinerer geben, eine Weile abwechselnd pürieren und die entstehende Creme von den Wänden in das Gefäß schaben, um einen köstlichen, cremigen Aufstrich zu erhalten, der auf leckerem Brot, im Haferbrei und sogar im indischen Curry exzellent schmeckt.

ZUTATEN

300 g Mandeln
1 EL Agavendicksaft
½ TL Salz
Mark von 1 Vanilleschote

ZUBEREITUNG

- Mandeln, Vanille und Salz in einen Zerkleinerer geben und ein bis zwei Minuten lang pürieren.
- Die Masse von den Wänden schaben und erneut eine Minute pürieren. Diesen Vorgang mehrmals wiederholen, bis eine zarte Creme entstanden ist (zunächst erinnert die Masse an klebrigen Sand, dann wird sie zu einer dichten, relativ homogenen Masse, schließlich fängt sie an, die Konsistenz von Butter anzunehmen).
- Agavendicksaft dazugeben und erneut mischen, sodass sich die Zutaten verbinden. Die Creme in ein Schraubglas geben. So kann sie sogar bis zu mehreren Monaten aufbewahrt werden. Die Mandelcreme schmeckt hervorragend auf Toast und Sandwiches oder als Ergänzung zu Suppen und Currys.

Für die Zubereitung der selbst gemachten Creme aus Nüssen wird grundsätzlich ein Zerkleinerer benötigt. Der Versuch, einen Stabmixer für diesen Zweck zu verwenden, wird eher mit einem Fiasko enden. Falls deine Creme nach einigen Minuten des Pürierens immer noch hart ist, füge ihr einige Esslöffel geschmacklich neutrales Öl hinzu. Auf dic glciche Weise gelingt es dir, Creme aus anderen Nüssen zuzubereiten, beispielsweise aus Cashewkernen oder Haselnüssen. Kombiniere sie getrost mit verschiedenen Zutaten wie z. B. Tonkabohnen, Kardamom, Zimt oder gehackter bitterer Schokolade.

CASHEWQUARK

Ich liebe pflanzlichen Quark – sowohl in süßer als auch in herzhafter Ausführung. Er eignet sich hervorragend als Brotaufstrich, man kann ihn aber auch pur genießen. Seinen zarten Quarkgeschmack verdankt er den Hefeflocken. Deshalb dürfen sie in diesen Rezepten auf keinen Fall fehlen.

SÜßER CASHEWQUARK

ZUTATEN

70 g	Cashewkerne, über Nacht in kaltem Wasser eingeweicht
3–4 EL	Pflanzenmilch oder Wasser
3–4 EL	Zitronensaft
1–2 EL	Agavendicksaft
1 TL	Hefeflocken
1 Handvoll	Himbeeren oder andere kleine, gegebenenfalls gewürfelte Früchte

ZUBEREITUNG

- Cashewkerne abseihen, die restlichen Zutaten mit Ausnahme der Himbeeren dazugeben und mit dem Stabmixer zu einer glatten Paste verarbeiten. Zum Schluss die Himbeeren vorsichtig unterrühren.

HERZHAFTER CASHEWQUARK

ZUTATEN

70 g	Cashewkerne, über Nacht in kaltem Wasser eingeweicht
3–4 EL	Pflanzenmilch oder Wasser
3–4 EL	Zitronensaft
1 EL	Hefeflocken
	Salz
	schwarzer Pfeffer
1 Handvoll	gehackter frischer Schnittlauch

ZUBEREITUNG

- Cashewkerne abseihen, die restlichen Zutaten mit Ausnahme des Schnittlauchs dazugeben und mit dem Stabmixer zu einer glatten Paste verarbeiten.
- Mit Salz und Pfeffer würzen. Zum Schluss den Schnittlauch vorsichtig unterrühren.

Um den herzhaften Cashewquark anzusäuern, kannst du Salzgurkenwasser anstelle von Zitronensaft verwenden. Dann schmeckt er noch besser.

SÜßE KUGELN
VOLLER GESUNDHEIT

Wie bereitet man schnell gesunde Süßigkeiten mit leicht erhältlichen Zutaten zu? Versorge dich mit Nüssen und Trockenfrüchten – und an die Arbeit!

VANILLEKUGELN

ZUTATEN

150 g Mandeln
70 g Cashewkerne
90 g getrocknete Aprikosen, 15 Minuten in warmem Wasser eingeweicht
1 TL Vanillepaste oder Vanilleextrakt
½ TL abgeriebene Zitronenschale
1 Prise Salz

gemahlene Mandeln, gemahlene Cashewkerne oder Kokosraspel

ZUBEREITUNG

- Nüsse, Zitronenschale und Salz in einen Zerkleinerer geben und zu Pulver verarbeiten.
- Vanille und die abgeseihten Aprikosen dazugeben und weitermixen, bis eine klebrige Masse entstanden ist (wenn die Masse nicht klebrig genug ist, einen Esslöffel Wasser hinzufügen).
- Aus der fertigen Mischung mit feuchten Händen kleine Kugeln formen und anschließend in gemahlenen Nüssen oder Kokosraspeln rollen.

SCHOKOLADENKUGELN

ZUTATEN

200 g Haselnüsse
60 g Datteln, 15 Minuten in warmem Wasser eingeweicht
1 EL Kakaopulver
1 Prise Salz
Carobpulver oder Kakaopulver

ZUBEREITUNG

- Nüsse, Kakaopulver und Salz in einen Zerkleinerer geben und zu Pulver verarbeiten.
- Abgetropfte Datteln dazugeben und weitermixen, bis eine klebrige Masse entstanden ist (wenn die Masse nicht klebrig genug ist, einen Esslöffel Wasser hinzufügen).
- Aus der fertigen Mischung mit feuchten Händen kleine Kugeln formen, anschließend in Carobpulver oder Kakaopulver rollen.

ROSENKUGELN

ZUTATEN

225 g Mandeln
60 g getrocknete Feigen, 15 Minuten in warmem Wasser eingeweicht
2 EL Rosenwasser
1 Prise gemahlener Kardamom
1 Prise Salz

getrocknete Rosenblätter oder gemahlene Mandeln

ZUBEREITUNG

- Mandeln, Kardamom und Salz in einen Zerkleinerer geben und zu Pulver verarbeiten.
- Rosenwasser und abgeseihte Feigen dazugeben und weitermixen, bis eine klebrige Masse entstanden ist (wenn die Masse nicht klebrig genug ist, einen Esslöffel Wasser hinzufügen).
- Aus der fertigen Mischung mit feuchten Händen kleine Kugeln formen und anschließend in Rosenblättern oder gemahlenen Mandeln rollen.

Betrachte diese Rezepte als Inspiration, um süße Kugeln nach deinen eigenen Wünschen zuzubereiten. Behalte die Zutatenverhältnisse bei, verwende aber deine Lieblingsnüsse, Trockenfrüchte und Gewürze. Mandeln mit getrockneten Datteln, mit gemahlenem Zimt oder einer Prise gemahlenem Kardamom? Walnüsse mit Trockenpflaumen und ein bisschen Chilipulver? Cashewkerne mit getrockneten Kirschen und gemahlenen Gewürznelken? Alle Kombinationen sind erlaubt!

ROHKOST-SCHOKORIEGEL

Statt Schokoriegel zu kaufen, kannst du sie selbst zubereiten. Das kostet weniger Geld, und du kannst sicher sein, dass nur gesunde Zutaten enthalten sind!

ZUTATEN

130 g	Haselnüsse
140 g	Cashewkerne
60 g	Datteln, 15 Minuten in warmem Wasser eingeweicht
1 EL	Kakaopulver
1 TL	Vanillepaste oder Vanilleextrakt
1 Prise	Salz
	Kakaopulver oder Gojibeeren

ZUBEREITUNG

- Nüsse, Kakaopulver und Salz in einen Zerkleinerer geben und zu Pulver verarbeiten.
- Vanille und die abgeseihten Datteln dazugeben und weitermixen, bis eine klebrige Masse entstanden ist (wenn die Masse nicht klebrig genug ist, einen Esslöffel Wasser hinzufügen).
- Die fertige Mischung in einen Lebensmittelbehälter geben, glätten und fest andrücken. Mit Kakaopulver oder Gojibeeren bestreuen und für eine Stunde in den Kühlschrank stellen.
- Den gekühlten Block vorsichtig aus dem Behälter nehmen und in gleich große Riegel schneiden.

> Diese Riegel lassen sich im Kühlschrank in einem verschlossenen Behälter zwei bis drei Wochen lang aufbewahren. Oder du nimmst sie in Frühstückspapier oder in veganes Wachstuch eingewickelt mit zur Arbeit – ohne Kühlschrank halten sie sich ein paar Tage.

SELBST GEMACHTE HASELNUSSCREME

Nutella assoziiere ich mit Geschenken meiner Tante aus Deutschland und meinem ersten Urlaub im Ausland, als ich fast mein ganzes Taschengeld für die Nusscreme ausgegeben habe. Jetzt gebe ich mein Geld in den Lebensmittelgeschäften ein wenig vernünftiger aus, aber die Vorliebe für den süßen Nussaufstrich ist geblieben.

ZUTATEN

100 g Haselnusskerne
30 g Datteln, 30 Minuten in warmem Wasser eingeweicht
60–85 ml Pflanzenmilch
2 EL Kakaopulver

ZUBEREITUNG

- Eine Bratpfanne ohne Fett erhitzen und die Haselnüsse hineinlegen. Eine Minute lang rösten und dann auf ein sauberes Geschirrtuch legen, einwickeln und das Bündel kräftig reiben, sodass sich die dünne braune Haut von den Nüssen trennt.
- Die geschälten Haselnüsse und Kakaopulver in einen Zerkleinerer geben und zu Pulver verarbeiten.
- Abgeseihte Datteln dazugeben und weitermixen. Die Milch hinzufügen und alles zu einer dicken, geschmeidigen Creme verrühren.

Wenn du die Haselnusscreme für reifere Feinschmecker zubereitest, probiere doch mal, starken Kaffee anstelle von Milch zu verwenden – die Creme wird süß-herb schmecken und noch mehr Energie schenken.

PFLANZENMILCH

Selbst gemachte Pflanzenmilch ist ein echter Schatz: schneeweiß, cremig und süß. Sie kann Haferbrei, Kuchen und Suppen hinzugefügt werden, am besten schmeckt sie aber frisch – direkt aus der Flasche getrunken.

MANDELMILCH

ZUTATEN

150 g Mandeln, über Nacht in kaltem Wasser eingeweicht
750 ml Wasser
1 Prise Salz

ZUBEREITUNG

- Mandeln abseihen, abspülen und in einen Standmixer geben. Wasser und Salz hinzufügen und auf höchster Geschwindigkeitsstufe 30–60 Sekunden lang pürieren. Die Mandelmilch mit den Nussresten anschließend durch ein Passiertuch sieben und in eine Flasche füllen.

CASHEWMILCH MIT VANILLE

ZUTATEN

140 g Cashewkerne, über Nacht in kaltem Wasser eingeweicht
750 ml Wasser
1 TL Agavendicksaft
½ TL Vanillepaste oder Vanilleextrakt
1 Prise Salz

ZUBEREITUNG

- Cashewkerne abseihen, abspülen und in einen Standmixer geben. Wasser und die restlichen Zutaten hinzufügen und auf höchster Geschwindigkeitsstufe 30–60 Sekunden lang pürieren. Die Cashewmilch mit den Nussresten anschließend durch ein Passiertuch sieben und in eine Flasche füllen.

CASHEW-KOKOSMILCH

ZUTATEN

70 g Cashewkerne, über Nacht in kaltem Wasser eingeweicht
40 g Kokosraspel, über Nacht in kaltem Wasser eingeweicht
750 ml Wasser
1 Prise Salz

ZUBEREITUNG

- Cashewkerne und Kokosraspel abseihen, abspülen und in einen Standmixer geben. Wasser und Salz hinzufügen und auf höchster Geschwindigkeitsstufe 30–60 Sekunden lang pürieren. Die Cashew-Kokosmilch mit den Nussresten anschließend durch ein Passiertuch sieben und in eine Flasche füllen.

HASELNUSSMILCH

ZUTATEN

130 g Haselnüsse, über Nacht in kaltem Wasser eingeweicht
750 ml Wasser
1 Prise Salz

ZUBEREITUNG

- Haselnüsse abseihen, abspülen und in einen Standmixer geben. Wasser und Salz hinzufügen und auf höchster Geschwindigkeitsstufe 30–60 Sekunden lang pürieren. Die Haselnussmilchmilch mit den Nussresten anschließend durch ein Passiertuch sieben und in eine Flasche füllen.

Pflanzenmilch wird am besten in einem Standmixer zubereitet. Du kannst aber auch versuchen, einen Stabmixer und eine große Schüssel zu verwenden – es ist nicht ausgeschlossen, dass du es schaffst, nicht in der ganzen Küche herumzuspritzen. Als Alternative zu einem Passiertuch lässt sich für das Abseihen der Milch genauso gut eine Mullwindel oder ein Leinentuch verwenden. Oder du investierst in einen speziellen, wiederverwendbaren Nussmilchbeutel – erhältlich im Internet. Sobald du alle Rezepte ausprobiert hast, scheue dich nicht zu experimentieren. Haselnüsse und ein wenig Ahornsirup, Haferflocken und eine Handvoll Mohn, Macadamianüsse und Tonkabohnen – jede Kombination wird bestimmt erfolgreich sein. Denke nur daran, die folgenden Proportionen der festen Zutaten und des Wassers zu beachten: 1:3 – wenn du normale Milch erhalten möchtest, 1:2 – wenn du fette Milch brauchst.

BROTAUFSTRICH AUS SONNENBLUMENKERNEN
MIT GETROCKNETEN TOMATEN

Diesen Brotaufstrich assoziiere ich mit der Ukraine. Denn als ich vor Jahren dort auf einer Reise war, servierte mir die Gastgeberin einer der privaten Unterkünfte, in denen ich übernachtete, diesen Brotaufstrich zum Frühstück. Als ich sie fragte, woher sie denn wüsste, dass ich Vegetarierin sei, verstand sie nicht wirklich, was ich meinte, und antwortete, dass ihr gerade die Butter ausgegangen sei, und in dieser Situation würde sie immer den Sonnenblumenkernaufstrich vorbereiten. Nach dem Frühstück kochte sie mir einen Kaffee und reichte mir dazu das Sonnenblumenkern-Halwa.

ZUTATEN

160 g Sonnenblumenkerne, über Nacht in kaltem Wasser oder 1 Stunde lang in heißem Wasser eingeweicht
2 getrocknete Tomaten, in Streifen geschnitten
1 Knoblauchzehe, fein gehackt
1 EL gehackte frische Petersilie
1 EL gehackter frischer Dill
2 EL Zitronensaft
2–4 EL Wasser
Salz
schwarzer Pfeffer

ZUBEREITUNG

- Sonnenblumenkerne abseihen und abspülen. Getrocknete Tomaten, Knoblauch, Petersilie, Dill und Zitronensaft hinzufügen und mit dem Stabmixer zu einer klumpigen Paste verarbeiten.
- Langsam Wasser hinzugießen, bis die Paste eine cremige Konsistenz hat, und dabei die ganze Zeit weiterpürieren. Mit Salz und Pfeffer würzen. Auf Brot genießen.

Wenn du magst, füge diesem Brotaufstrich einen Teelöffel Tomatenkonzentrat und eine großzügige Prise süßes Paprikapulver oder ein wenig bunten Pfeffer hinzu.

HAFERBREI

MIT MISO UND SESAM

Małgosia Minta hat mir einmal gesagt, dass herzhafter Haferbrei ein Verbrechen sei. Damals hatte ich Angst, zuzugeben, dass ich in diesem Fall eine Wiederholungstäterin bin. Ich frage mich, ob sie mich besuchen wird, wenn ich irgendwann ins Gefängnis komme.*

ZUTATEN

70 g Haferflocken
500 ml Wasser
½ TL Ingwerknolle, gehackt
1 Prise Chilipulver
1–2 TL Misopaste

Zum Servieren
2 EL gehackter frischer Schnittlauch
1 EL gerösteter Sesam
Sesamöl

ZUBEREITUNG

- Die Haferflocken in einen Topf geben und mit Wasser übergießen. Ingwer und Chilipulver hinzufügen und 10–12 Minuten köcheln lassen, bis die Haferflocken die gesamte Flüssigkeit aufgenommen haben.
- Miso dazugeben und gründlich mischen. Mit Sesamöl beträufelt und mit Schnittlauch und Sesam garniert servieren.

Wenn du den herzhaften Haferbrei genauso gern magst wie ich, probiere auch die Version mit Currypaste und Koriander, mit Tahina und Zatar (S. 282) oder mit Kreuzkümmel und gerösteten Karottenscheiben.

* *Anm. d. Übers.: Małgosia Minta – polnische Food- und Reisejournalistin, Bloggerin, Trend-Beraterin, Veranstalterin der Konferenz „Food Blogger Fest"*

BUCHWEIZENBREI
MIT HASELNUSSCREME UND PFLAUMEN

Buchweizenbrei ist „Haferbrei" für diejenigen, die Gluten meiden. Die zu seiner Zubereitung benötigten Buchweizenflocken können in Naturkostläden gekauft werden, genauso wie – auch glutenfreie – Hirseflocken und Amaranthflocken. Aber von allen mag ich Buchweizenflocken wegen ihres angenehmen nussigen Aromas am liebsten.

ZUTATEN

80 g Buchweizenflocken
500 ml Pflanzenmilch oder Wasser
2 EL Erdnusscreme
1 EL Ahornsirup oder Agavendicksaft
1 Prise Salz

Zum Servieren
4 Pflaumen, geviertelt oder geachtelt
1–2 Prisen gemahlener Zimt

ZUBEREITUNG

- Buchweizenflocken in den Topf geben, Milch oder Wasser darübergießen, Salz hinzufügen und zwei bis drei Minuten aufkochen und köcheln lassen, bis die Buchweizenflocken die gesamte Flüssigkeit aufgenommen haben.
- Erdnusscreme und Agavendicksaft hinzufügen und gründlich mischen. Mit Pflaumen und mit gemahlenem Zimt bestreut servieren.

Anstelle von Erdnusscreme kannst du auch Mandelcreme mit Vanille (S. 251) oder eine andere Creme aus Nüssen verwenden – jede von ihnen wird perfekt dazu passen und dem Buchweizenbrei eine cremige Konsistenz verleihen.

LATTE-MACCHIATO AUS GETREIDE

Ich liebe Getreidekaffee. Eichelkaffee und Topinamburkaffee mag ich auch sehr. Er kann problemlos in einer Stielkasserolle gekocht werden, aber noch gehaltvoller schmeckt er mit einer Espressokanne zubereitet.

ZUTATEN

2 EL gemahlener Getreidekaffee
¼ TL gemahlener Zimt
1 Msp. Kurkuma
200 ml Wasser
300 ml Sojamilch oder Hafermilch

Zum Servieren
Kakaopulver oder gemahlener Zimt

ZUBEREITUNG

- Den Kaffee in eine Stielkasserolle geben, mit Wasser aufgießen, Gewürze hinzufügen und fünf Minuten lang kochen. Anschließend abseihen.
- In der Zwischenzeit die Milch in einer weiteren Stielkasserolle auf eine Temperatur von ca. 70 °C erwärmen und mit einem Milchaufschäumer aufschäumen.
- Die warme Milch in zwei Latte-Macchiato-Gläser gießen, dabei etwas Milchschaum in der Stielkasserolle lassen. Den Kaffee in einem dünnen Strahl in die Latte-Macchiato-Gläser gießen. Zum Schluss Milchschaum darübergießen. Mit Kakaopulver oder gemahlenem Zimt bestreut servieren.

> Versorge dich mit verschiedenen Kaffeesorten und experimentiere. Probiere einen Eichelkaffee-Espresso oder einen Topinambur-Cappuccino. Diese Kaffees schmecken nicht nur gut und wärmen angenehm, sie kosten auch nicht viel.

Grundrezepte

GEMÜSEBOUILLON

ZUTATEN

4	Karotten
3	Petersilienwürzel
2 Knollen	Sellerie
2	Zwiebeln
2 Stangen	Lauch (nur der grüne Teil)
2 Stangen	Staudensellerie
4	getrocknete Tomaten
4	Knoblauchzehen in der Schale
4	Liebstöckelzweige
10 Körner	schwarzer Pfeffer
6	Pimentkörner
6	Lorbeerblätter
4 L	Wasser
1 EL	Öl
2–3 EL	Sojasauce
	Salz

ZUBEREITUNG

- Zwiebeln schälen (die Schalen nicht wegwerfen), auf eine Gabel aufspießen und über einer Gasflamme rösten, bis sie von allen Seiten richtig kross sind.
- Das gesamte Gemüse und die Gewürze (einschließlich der Zwiebelschalen) in einen großen Topf geben, Wasser und Öl dazugeben und bei mittlerer Hitze garen. Wenn die Suppe zu kochen beginnt, die Hitze reduzieren und zugedeckt bei minimaler Hitze mindestens vier Stunden lang köcheln lassen.
- Die fertige Gemüsebouillon abseihen, das Gemüse genau ausdrücken. Mit Sojasauce abschmecken, alternativ salzen, und abkühlen lassen.
- Die Gemüsebouillon in Eiswürfelformen oder kleine Schraubgläser füllen (Gläser nur zu etwa drei Vierteln füllen). Die gefüllten Formen bzw. Gläser in den Gefrierschrank stellen.

DIE BESTEN BURGER BUNS

ZUTATEN

330 g	Weizenmehl
100 ml	lauwarme Pflanzenmilch
7 g	Trockenhefe
1 EL	Rohrzucker
1½ TL	Salz
310 ml	Kürbispüree (S. 281)
100 g	flüssiges Kokosöl
einige EL	Pflanzenmilch
	Sesam

ZUBEREITUNG

- Mehl, Milch, Hefe, Zucker und Salz mischen und den Teig zwei bis drei Minuten lang kneten. Währenddessen löffelweise das Kürbispüree hinzufügen. Kokosöl dazugeben und den Teig weiter kneten, bis er elastisch ist und nicht mehr an den Händen klebt. Den Teig zu einer Kugel formen, luftdicht verpacken und für eineinhalb Stunden zum Aufgehen beiseitestellen.
- Den aufgegangenen Teig eine Weile kneten und anschließend in 16 gleiche Portionen teilen. Aus jedem Stück ein rundes Brötchen formen. Die Brötchen auf ein mit Backpapier ausgelegtes Backblech legen und nochmals eine Stunde gehen lassen.
- Den Backofen auf 180 °C vorheizen. Die Brötchen leicht mit Pflanzenmilch bestreichen und mit Sesam bestreuen. 15–18 Minuten backen. Eine Weile abkühlen lassen, anschließend halbieren und mit den Burgerzutaten füllen.

DIE EINFACHSTEN BURGER BUNS

ZUTATEN

220 g	Weizenvollkornmehl
110 g	Weizenmehl
1½ EL	Hefe
1 EL	gemahlene Leinsamen und 3 EL warmes Wasser
125 ml	lauwarmes Wasser
125 ml	Pflanzenmilch
3 EL	Öl
1 EL	brauner Zucker
1 TL	Salz

ZUBEREITUNG

- Geschrotete Leinsamen mit 3 Esslöffeln warmem Wasser mischen und für einen Moment beiseitestellen. Das Mehl mit der Hefe mischen und die restlichen Zutaten hinzufügen. Zum Schluss die aufgequollenen Leinsamen dazugeben. Den Teig mit einem Handrührgerät bei mittlerer Geschwindigkeit zwei bis vier Minuten lang kneten. Den gekneteten Teig zu einer Kugel formen und 40–60 Minuten lang gehen lassen.
- Den aufgegangenen Teig in acht gleiche Portionen teilen, anschließend aus jedem Stück ein rundes Brötchen formen. Die Brötchen mit genügend Abstand auf ein mit Backpapier ausgelegtes Backblech legen und nochmals 30 Minuten gehen lassen.
- Den Backofen auf 175 °C vorheizen. Die Brötchen 12–15 Minuten lang backen. Abkühlen lassen, anschließend halbieren und mit den Burgerzutaten füllen.

SELBST GEMACHTES NAAN

ZUTATEN

440 g	Weizenmehl
375 ml	Pflanzenmilch
4 EL	Traubenkernöl
1 TL	Zucker
1 TL	Salz
¾ TL	Hefe

ZUBEREITUNG

- Alle Zutaten in einer Schüssel vermengen und zu einem glatten Teig verkneten. Zudecken und für eine Stunde an einem warmen Ort zum Aufgehen beiseitestellen.
- Den aufgegangenen Teig in 15 gleiche Portionen teilen, anschließend aus jedem Stück ein rundes Brötchen formen. Die Brötchen luftdicht abdecken und 30 Minuten gehen lassen.
- Den Backofen auf 250 °C vorheizen. Die Kugeln nun zu sehr dünnen Fladen ausrollen. Auf ein mit Backpapier ausgelegtes Backblech legen und zwei bis fünf Minuten backen.

SELBST GEMACHTER KETCHUP

ZUTATEN

für sechs mittelgrosse Schraubgläser:

- **3 kg** sehr reife Tomaten, halbiert, ohne Strunk
- **350 g** Zwiebeln, in Streifen geschnitten
- **300 g** Pflaumen, halbiert und entkernt
- **250 g** saure Äpfel, geschält und grob gewürfelt
- **3 cm** Ingwerknolle, fein gehackt
- **6** Gewürznelken
- **4** Pimentkörner
- **2** Lorbeerblätter
- **2** Anissterne
- **1** Zimtstange
- **3 EL** Apfelessig
- **3 EL** brauner Zucker
- Öl (am besten Traubenkernöl)
- Salz
- frisch gemahlener schwarzer Pfeffer

ZUBEREITUNG

- Einige Esslöffel Öl in einem Topf erhitzen. Zwiebel, Ingwer, Gewürznelken, Pimentkörner, Lorbeerblätter, Anissterne und Zimtstange hinzufügen und gründlich mischen. Pflaumen und Äpfel dazugeben und bei schwacher Hitze fünf Minuten köcheln lassen.
- Tomaten und einen Esslöffel Salz hinzufügen und weitere 30 Minuten zugedeckt köcheln lassen. Alles gründlich durchmischen und bei schwacher Hitze mindestens zwei bis drei Stunden lang köcheln lassen, dabei von Zeit zu Zeit umrühren (je länger die Kochzeit, desto intensiver der Geschmack des Ketchups).
- Den Ketchup vom Herd nehmen und mit einem Stabmixer grob pürieren (Gewürznelken, Pimentkörner, Lorbeerblätter und Anissterne können vorher herausgenommen werden).
- Den Ketchup durch ein Sieb passieren (die Siebdichte abhängig von den eigenen Wünschen auswählen – je engmaschiger das Sieb, desto feiner wird der Ketchup, gleichzeitig dauert es aber auch länger, den Ketchup zu passieren).
- Den passierten Ketchup nochmals gründlich mit einem Stabmixer pürieren und wieder in den Topf zurückschütten, in dem er gekocht wurde. Essig, Zucker, Salz, Pfeffer und eventuell andere Gewürze in Pulverform dazugeben.
- Den Ketchup bei schwacher Hitze ein bis drei Minuten köcheln lassen, bis er sehr dickflüssig und glänzend ist. Heiß in die ausgekochten und trockenen Schraubgläser gießen, diese fest verschließen und auf den Kopf stellen.
- Die gefüllten Schraubgläser auf ein Backblech stellen, in den kalten Backofen schieben und diesen auf 110–120 °C erhitzen.
- Wenn der Backofen die richtige Temperatur erreicht hat, 25 Minuten warten, den Backofen ausschalten und die Schraubgläser im Backofen abkühlen lassen.

SELBST GEMACHTE VEGANE MAYONNAISE

ZUTATEN

125 ml Sojamilch, ungesüßt
125 ml Reiskeimöl oder Traubenkernöl
2 EL Hefeflocken (optional)
1 EL Apfelessig
1 TL guter Senf
Salz und weißer Pfeffer

ZUBEREITUNG

- Sojamilch und Essig in einen Standmixer geben und zwei Minuten lang mischen, Hefeflocken, Senf, Salz und Pfeffer dazugeben und weitere zwei bis drei Minuten mixen.
- Weitermixen und das Öl sehr langsam dazugeben. Die fertige vegane Mayonnaise in ein Schraubglas füllen und in den Kühlschrank stellen (nach einer Stunde wird sie fest).

VEGANER MANDELPARMESAN

ZUTATEN

150 g Mandeln
4 EL Hefeflocken
¼ TL Chilipulver
¼ TL Kurkuma
Salz

ZUBEREITUNG

- Alle Zutaten in einem Zerkleinerer oder einer elektrischen Kaffeemühle grob mahlen. Mit Salz würzen und in ein Schraubglas füllen. Zur Pestozubereitung verwenden oder Suppe oder Pasta damit bestreuen.

ROTE-BETE-PULVER

ZUTATEN

1 große Knolle Rote Bete

ZUBEREITUNG

- Rote Bete putzen, anschließend mit einem Sparschäler in dünne Scheiben schneiden.
- Diese in ein Dörrgerät legen und ca. sechs Stunden lang trocknen oder eng nebeneinander auf ein mit Backpapier ausgelegtes Backblech legen und im auf 75 °C vorgeheizten Backofen 30–60 Minuten backen, bis sie völlig trocken und knusprig sind.
- Die getrockneten Scheiben in einem Zerkleinerer oder einer elektrischen Kaffeemühle zu Pulver mahlen. In einem Schraubglas aufbewahren und zum Bestreuen von Salaten und Desserts verwenden.

KAROTTENPULVER

ZUTATEN

2 Karotten

ZUBEREITUNG

- Karotten putzen und anschließend mit einem Sparschäler in dünne Scheiben schneiden.
- Diese in ein Dörrgerät legen und ca. sechs Stunden lang trocknen oder eng nebeneinander auf ein mit Backpapier ausgelegtes Backblech legen und in einem auf 75 °C vorgeheizten Backofen 30–60 Minuten backen, bis sie völlig trocken und knusprig sind.
- Die getrockneten Scheiben in einem Zerkleinerer oder einer elektrischen Kaffeemühle zu Pulver mahlen. In einem Schraubglas aufbewahren und zum Bestreuen von Salaten und Desserts verwenden.

BBQ-SAUCE

ZUTATEN

125 ml heißer Lapsang-Souchong-Tee
10 Trockenpflaumen
4 Gewürznelken
2 Wacholderbeeren
2 Pimentkörner
2 Lorbeerblätter
4 Knoblauchzehen, gehackt
3 cm Ingwerknolle, gehackt
1 entkernte Chilischote, gehackt
125 ml guter Ketchup
125 ml Whisky
2 EL Rohrzucker
1 EL Aceto balsamico
1 EL Sojasauce
1–2 TL Senf
2 EL Öl
Salz
schwarzer Pfeffer

ZUBEREITUNG

- Trockenpflaumen mit dem heißen Tee aufgießen und für 15 Minuten beiseitestellen. In der Zwischenzeit Gewürznelken, Wacholderbeeren, Pimentkörner und Lorbeerblätter in einem Mörser zerreiben oder in einer Kaffeemühle zu Pulver mahlen.
- Trockenpflaumen abseihen, den Tee aber nicht wegschütten.
- Die Gewürze in Pulverform, Knoblauch, Ingwer und Chilischote in einem Mörser zerreiben oder einer elektrischen Kaffeemühle zu einer klumpigen Paste mahlen.
- Das Öl in einem Topf erhitzen. Die Paste hinzufügen und drei bis fünf Minuten dünsten. Die restlichen Zutaten dazugeben, den Tee dazugießen und fünf bis zehn Minuten kochen, bis die Sauce richtig eingedickt ist.

PÜREE AUS ROTER BETE

ZUTATEN

1 kg kleine Knollen Rote Bete

ZUBEREITUNG

- Den Backofen auf 220 °C vorheizen. Rote-Bete-Knollen einzeln in Backpapier einwickeln, auf ein Backblech legen und 60 Minuten backen.
- Anschließend die gebackene Rote Bete aus der Umhüllung nehmen, abkühlen lassen, schälen und mit dem Stabmixer zu Püree verarbeiten.

KÜRBISPÜREE

ZUTATEN

2 kg Kürbis

ZUBEREITUNG

- Den Backofen auf 220 °C vorheizen. Kürbis halbieren, auf ein mit Backpapier ausgelegtes Backblech legen und 50–60 Minuten backen, bis er stark geröstet und sehr weich ist.
- Den gebackenen Kürbis entkernen, schälen und mit dem Stabmixer zu Püree verarbeiten.

RHABARBERPULVER

ZUTATEN

2 Stangen Rhabarber

ZUBEREITUNG

- Rhabarber putzen und anschließend in max. fünf Millimeter dicke Scheiben schneiden.
- Diese in ein Dörrgerät legen und ca. sechs Stunden lang trocknen oder eng nebeneinander auf ein mit Backpapier ausgelegtes Backblech legen und im auf 75 °C vorgeheizten Backofen 30–60 Minuten backen, bis sie völlig trocken und knusprig sind.
- Die getrockneten Scheiben in einem Zerkleinerer oder einer elektrischen Kaffeemühle zu Pulver mahlen. In einem Schraubglas aufbewahren und zum Bestreuen von Salaten und Desserts verwenden.

VEGANE FISCHSAUCE

ZUTATEN

- **2** Noriblätter
- **3–4 EL** Sojasauce
- **1 TL** Salz
- **250 ml** heißes Wasser

ZUBEREITUNG

- Noriblätter zerbröseln, Sojasauce und Salz hinzufügen und mit Wasser übergießen. Für 15 Minuten beiseitestellen, anschließend durch ein Sieb in ein Schraubglas abseihen. Im Kühlschrank aufbewahren. Zu Currys oder asiatischen Suppen dazugeben.

TAHINASAUCE

ZUTATEN

- **60 ml** Tahina
- **60 ml** Wasser
- **½** Knoblauchzehe, sehr fein gehackt
- **1 EL** Zitronensaft
- Salz und frisch gemahlener schwarzer Pfeffer

ZUBEREITUNG

- Alle Zutaten in ein Schraubglas geben, das Glas schließen und eine Weile intensiv schütteln, bis die Sauce eine cremige Konsistenz angenommen hat.

ZATAR

ZUTATEN

- **4 EL** getrockneter Thymian
- **2 EL** gerösteter Sesam
- **2 TL** Sumach
- **½ TL** Salz

ZUBEREITUNG

- Eine Bratpfanne ohne Fett erhitzen und Sesam kurz darin rösten, bis er zu duften beginnt und eine goldene Farbe annimmt. Anschließend auf einen Teller legen und beiseitestellen.
- Thymian in einem Mörser zerreiben oder in einer Kaffeemühle zu Pulver mahlen (im Mörser zerstoßen, wird alles viel aromatischer).
- Sumach und Salz hinzufügen und noch eine Weile zerreiben oder mahlen.
- Zum Schluss den Sesam unterrühren. In ein Schraubglas füllen und für gebackenes Gemüse, Hummus (S. 213) oder Suppen verwenden.

WEITERFÜHRENDE RESSOURCEN

Viele Zutaten findest du unverpackt zum Abfüllen in selbst mitgebrachte Gefäße in einem der vielen Unverpackt-Läden. Eine Karte mit allen uns bekannten Läden findest du unter:

smarticular.net/verzeichnis

Wenn du unsicher bist, wann welche Zutat Saison hat, dann hilft dir unser Saisonkalender mit vielen nützlichen Zusatzinformationen weiter:

smarticular.net/saisonkalender

Viele weitere rein pflanzliche Rezepte gibt es auch auf unsere Website:

smarticular.net/vegan

Mehr Informationen rund um *Zufällig vegan* sowie die Möglichkeit, sich mit anderen Leserinnen und Lesern auszutauschen, gibt es auf der Webseite zum Buch:

smarticular.net/zufaelligvegan

Fünf Hausmittel ersetzen eine Drogerie
Einfach mal selber machen! Mehr als 300 Anwendungen und 33 Rezepte, die Geld sparen und die Umwelt schonen

Mit Natron, Soda, Essig, Zitronensäure und Kernseife lassen sich fast alle Drogerieprodukte ersetzen und viele Herausforderungen des Alltags lösen. Über 300 Anwendungen und 33 Rezepte zeigen, wie einfach es geht. Deodorant für die ganze Familie aus nur drei einfachen Zutaten, Bio-Waschmittel zu einem Bruchteil der sonst üblichen Kosten, Allzweckreiniger und Zahncreme – das alles und noch viel mehr kann jeder zu Hause leicht selbst herstellen und nebenbei eine ganze Menge Geld, Verpackungsmaterial und unnötige Chemikalien einsparen.

ISBN: 978-3-946658-00-9
smarticular Verlag, 2. aktualisierte, erweiterte Ausgabe, 2018

Plastiksparbuch
Mehr als 300 nachhaltige Alternativen und Ideen, mit denen wir der Plastikflut entkommen

Plastikmüll, der sich zu Millionen Tonnen in der Umwelt anreichert, gehört zu den größten Herausforderungen unserer Zeit. Dabei ist gesundheitsschädliches oder kurzlebiges Plastik fast immer leicht vermeidbar! Alle wichtigen Fakten rund um Plastik und die Probleme, die es verursacht, haben wir im Plastiksparbuch zusammengestellt. Dazu gibt es über 300 Rezepte, Anleitungen und Ideen, die zeigen, wie einfach Plastiksparen im Alltag sein kann. Mit 288 Seiten und über 300 Abbildungen ist das Plastiksparbuch das bisher umfangreichste und informativste aller smarticular-Bücher.

ISBN: 978-3-946658-33-7
smarticular Verlag, 2019

ISBN: 978-3-946658-03-0
Selber machen statt kaufen – Küche

ISBN: 978-3-946658-09-2
Selber machen statt kaufen – Haut und Haar

ISBN: 978-3-946658-30-6
Selber machen statt kaufen – Garten und Balkon

Vergiss künstliche, ungesunde und umweltbelastende Fertigprodukte, denn viele bessere Alternativen kann jeder leicht zu Hause selber machen. Sie sind gesünder, besser für die Umwelt, fast immer preiswerter als konventionelle Fertigprodukte – und sie machen einfach Spaß!

Unsere besten Anleitungen und Ideen zum Selbermachen haben wir in den Büchern der Reihe *Selber machen statt kaufen* zusammengefasst. Lass dich inspirieren und mach auch dein Leben ein bisschen grüner!